Idea man

日本第一速讀王教你

讀得快，記得住，月讀30本的超強讀書術

日本速讀甲子園速讀冠軍
角田和將——著　邱香凝——譯

速読日本一が教える すごい読書術——短時間で記憶に残る最強メソッド

一流職場工作者都知道怎麼讀書效率最高

學生時代，我過的是幾乎不讀書的生活。

國語成績吊車尾，名次從後面數回來還比較快。讀書這件事，總讓我想起當年的國語課，感覺就像又要被逼著讀書了，對閱讀只有壞印象。

此外，隨著網路的普及，有不懂的事只要上網查就能得到答案，在這樣的環境下，更是認定自己「一輩子都不會主動想看書了」。

然而，這樣的我卻成為日本第一的速讀王。

起因是一個看準我個性軟弱的房屋推銷員，在他的舌燦蓮花下，實領月薪只有十七萬日幣的我貸款買了房子。從此之後，對金錢的焦慮一口氣朝我襲來，促使我開始學習關於金錢與投資的事。

學著學著，身為投資家的老師出了功課給我，要我一定得讀完一本超過五百頁的教科書。曾經抗拒閱讀的我，為了找尋能利用工作之餘零碎時間快速看完交差的方法，踏上了「速讀」這條路。

「速讀」有各種優點。

快速讀完一本書就不用說了，速讀還能幫助我們毫無壓力地讀完原本沒有興趣或不會主動去讀的書，原本半途放棄的書也能完整讀完，真要算起來，好處多得數不清。

其中最重要的就是與一般閱讀方式不同（速讀）這一點，讓我完全不會聯想到小時候上國語課的痛苦。

由於做了與金錢投資相關的學習，有緣認識不少投資家、實業家，以及年收達數千萬日圓等級的成功人士。我發現，**成功者的共通點就是「沒有人不閱讀」**。

同時我也發現，成功人士讀書的方式，和學生時代上國語課的讀書方式不一樣。

以國語測驗為例，「請選出最適當的答案」，這個問題會變成「請選出對自己而言最適當的答案」，速讀就是找出這個答案的閱讀方式。

人人都能學會「快速閱讀的技術」！

說是「速讀」，其實沒有想像中困難。尤其是我設計的速讀法，並不是去學一件沒做過的事，只要能好好認知言語詞彙，要做的就只是應用早就會的事而已。

只是做原本就會的事，「重現度」可說是非常高。

本書想告訴大家的是，學生時代學到的讀書方法，在出了社會後是如何的不適用，我也會介紹出社會後適用的讀書方法。

這些都是在鑽研了速讀後才發現到的事。

原本就算再怎麼慢慢、仔細閱讀，還是記不住書本內容。更別說將作者的智慧轉換為自己的能力，那更是不可能的任務。

但是，透過快速閱讀，卻能精準掌握書中資訊，促進靈感與新發現，抓到幫助自己成長的關鍵。

「讀得快，記得住」的本質，就是透過快速閱讀，取出自己需要的資訊。

成功人士之所以做得到這個，是因為他們有活用書本的「環境」與「經驗」。提高「環境」和「經驗」的層級，就能活用書本。

然而，「環境」與「經驗」也是能透過書本獲得的。

除了速讀教室之外，我也會舉辦以高階主管或經營層為對象的讀書研習。參加者不是學生，而是一流商務人士。

他們來，是為了學如何有效率地閱讀大量「書籍」，改變「環境」，增加「經驗」，好藉此改變自己，獲得更多成長。

我自己也是在習得閱讀大量書籍的技巧後，不只金錢投資的能力提升，身為上班族的工作技能也進步了，不但獲得升職、加薪，還有獵人頭公司找上門來。從此，我不再對金錢感到焦慮，更自己獨立創業，就連現在站在指導速讀的立場，都是因為能活用書中知識的緣故。

就連曾經一無所有，只是普通人的我，都能百分之百活用書本知識，改變人生，相信現在拿起這本書的各位也一定都能做到。

本書終章將介紹徹底鑽研我所指導的速讀法和閱讀術的人們，以及他們獲得了什麼樣的人生。

序章講的是「讀得快、記得住」的本質，第一章則會公開為社會人士打造的閱讀術。第二章介紹的是將一本書超快速轉換為自身能力的訣竅。

我不建議從頭開始讀一本書。尤其是沒有接觸過「速讀」的人，請從第二章開始讀，先知道閱讀術的「答案」是什麼，再一口氣學會第三章「終極速讀，提高情報搜集力」，及第四章「將書本價值最大化，改變自身技能」的技巧，學會可使用一輩子的閱讀術。

讀完之後，在實踐過程中若遇到疑問，再回頭閱讀包括序章和第一章在內的內容，將整本書重讀一次。

讀完本書後，只要實踐書中介紹的閱讀術，你的人生一定會過得更加充實豐富。來吧，運用引出書本力量的技巧，打開前所未見的閱讀世界大門！

前言

序章　為什麼讀得快還是記得住？

第一章　九成社會人士不懂的真正閱讀術

第二章

用最快最短方式讀取內容的四大重點

第三章 終極速讀，提高情報搜集力

第四章 將書本價值最大化，改變自身技能

終章 藉由閱讀術轉變人生

序章

為什麼讀得快還是記得住？

讀了一次還是記不住的話，快速閱讀反而更有壓倒性的好處

我平常教速讀時，最常被問到的就是「讀這麼快，書的內容真的會留在腦中嗎？」那我反過來問好了，「慢慢讀，書的內容就真的會留在腦中嗎？」

我們首先得釐清一個前提，那就是「速讀是快速閱讀文字」，和「記憶」是兩碼子事。

舉例來說，一本書從頭開始讀，讀到後半段時，若要閱讀者「想起前半段寫了什麼」，恐怕大多數人都無法鉅細靡遺地想出來。時間經過愈久，內容忘掉愈多，這也是天經地義的事。

就算慢慢讀，或是用普通速度讀一次，也無法百分之百記住書本內容。

二〇一六年二月十九日，Lifehacker上刊載了一篇名為〈科學實證，速讀其實不可能實現〉的文章。

文章中提到「根據現有科學依據，速度與正確度呈反比關係，讀者花在應當閱讀的文章上的時間愈短，理解程度就會愈差」。

這篇文章從「閱讀速度愈快，理解程度就愈低」的論點說明速讀不可能成立。但是按照這個論點，若速度與正確度呈反比，就代表讀得愈慢，理解程度應該愈好才對。

然而，追根究柢，假設閱讀的內容根本沒留在腦中，就不可能加深對文章的理解度，對照本章開頭的問題仔細思考就能發現，至少在閱讀這個領域上，沒有「速度愈慢理解程度愈高」這回事。

光從閱讀這件事來說，「閱讀速度」和「留在腦中的資訊量」之間，原本就沒有什麼關聯性。

既然閱讀速度與留在腦中的資訊量沒有關係，還不如讀快一點比較好，從「在忘記之前重讀一次就不會忘記了」的角度想，閱讀速度愈快可以讀愈多次，留在腦中的資訊量反而應該更多才對。

慢慢讀不如快快讀

✕ 慢慢仔細讀就能提高理解力

「閱讀速度」與「留在腦中的資訊量」之間原本就沒有關聯性。

〇 倒不如快速閱讀，
更能增加留在腦中的資訊量

即使閱讀速度快，資訊還是可以好好留在腦中。

慢慢讀也不代表資訊能 100%留在腦內，反而是速讀比較有效率。

「閱讀文章」的行為與「將文章內容留在腦中」的行為，不只字面上寫起來不同，原本就是完全不同的兩個動作。

閱讀文章的時候，腦中會自行處理文字資訊，自己做出想像。只要提高這個處理能力，即使快速閱讀，內容也會好好留在大腦中。

先「瀏覽全體」，幫助記性變好

雖說我現在是指導速讀的老師，但以前的我閱讀速度非常慢，也不太喜歡看書。出社會後，或許因為職業是系統工程師的關係，基本上要查什麼都上網，讀實體書的機會減少，就算心血來潮想看書，一打開頁面就覺得厭煩，讀不下去。

上司推薦我看書，說「如果是漫畫版應該看得下去吧！」打開一看，「還是很多字，明明說是漫畫，卻只畫了幾個在對話的人物啊！」結果，才看幾頁就丟到一邊去了。

不過，遇到教材或說明手冊之類的書，還是得強迫自己拿起來讀，但往往才讀沒幾頁就失去專注力，沒有一本能從頭到尾讀完。

包括當時的我在內，閱讀速度慢的人常有的行為之一，就是「每看一頁就想記住一頁內容」的毛病。

從第一頁開始讀，往下讀三頁左右時，會忽然想「前一頁讀過的內容是什麼來著？」眼睛又往回看第一頁。或是讀到一半想起各種有的沒的事，一個分神只好再回到第一頁從頭讀起……不斷重複這樣的過程，不但書讀不成，還陷入連「讀書」這件事本身都放棄的惡性循環。

換句話說，那不是閱讀速度慢，而是沒有讀進腦中，思緒飄走（思考別的事）的時間太長而已。

我自己在學了速讀後，開始能一次讀完一本書時發現，就算讀完了前半本，往往也還不知道書中內容在講什麼。

這與整本書的架構有關。

舉例來說，假設有一本講述如何運用大腦特徵的書。然而讀者立場各自不同，有人想的可能是「知道方法就好了」，有人卻認為得先搞清楚「為什麼這個方法好」，否則就無法認同。

考慮到後面這種讀者的需求，書本的前半段就必須先解說大腦機制，後半段再以此為前提說明運用大腦的方法。

然而，這麼一來，對前面這種讀者來說，一開始讀前半段都在講大腦機制，他會搞不清楚這本書到底想說什麼。

遇到這種情形，**只要先快速瀏覽完整本書，再回頭重讀一次前半段關於大腦機制的部分，原本覺得艱澀難懂的內容，也會因為已經看過後半段的方法結論，就能從中讀出關聯，理解內容了**。

為閱讀速度太慢而煩惱的人，是落入了「見樹不見林」的窠臼，被一棵樹絆住腳步太

閱讀速度快的人怎麼做

閱讀速度慢的人

每讀一頁就想記住
一頁的內容。

其實沒讀進腦中，停下來思考的時間太長。

閱讀速度快的人

先快速瀏覽整
本書。

瀏覽一次之後，再回頭讀前半段，
就能理解原本難懂的地方了。

不必一頁一頁精讀，
養成能快速瀏覽完整本的習慣。

久，結果看不到整片森林。換句話說，就是看不到作者想透過整本書傳達的訊息，陷入不懂如何思考本質的狀態。

在我的想法中，**「理解」就是「獲得新發現與新靈感」**。

從書本裡的詞彙或文章中自行創造出想像，再從這個想像觸動新發現或得到某種新靈感，如此一來，就能進一步想出解決問題的方法，或者學到另一種思考方式。

為了獲得更多新發現與新靈感，比起細看每一棵樹，不如先遍覽整座森林，再深入調查引起自己興趣的樹，這樣更有效率且能理解得更多。

要做到一眼綜觀整座森林，就必須養成快速瀏覽完整本書的習慣，光是試圖快速看完一本書，也已很有意義。

與其將想像化成「言語詞彙」，不如化成「行動」更好

「不只是閱讀，還要好好產出」，這點非常重要。

只是說到「產出」，很多人大概會想成「書寫」或「寫下什麼」吧。

當然，這種產出方式本身沒有問題，我自己也會這麼做。不過，書寫並非產出的全部過程，充其量只是過程之一。

想提高理解能力，「環境」與「經驗」是重要條件。

如果只是把一本書裡的詞彙直接寫出來，很可能無法超越自己目前理解的程度。

若認為讀書是為了自我成長，還必須加強「環境」與「經驗」等重要條件。

換言之，**從詞彙變換為想像，再以這個想像為基礎展開「行動」，用這種方式產出，理解力會變得更高。**

具體的方法整理在本書的第三章及第四章，簡單來說，透過讀書就能察覺自己不足的是什麼，一方面也能想像「降低風險的行動」是什麼，如此一來，就能幫助自己更容易採取行動。

我是《勇者鬥惡龍》系列的電玩迷，每次都很期待系列推出遊戲新作。以前只要新作品一確定發售，我就會一邊看著刊載了詳細情報的電玩雜誌，一邊在心中天馬行空地想像「這次要怎麼培育角色」。

遊戲到手開始玩之後，發現魔王角色比想像中還強，自己的隊伍全軍覆沒……這時候才開始思考「該使用哪個角色、哪種戰略才好？」於是再回頭去看電玩雜誌，想從中找出攻略方法。

同樣的做法不只用在電玩遊戲的世界，現實世界也是一樣。

行動之後再回頭讀同一本書，會發現行動前閱讀時不經意略過、沒注意到的文章，因為環境與經驗的改變再度映入眼簾。這時再將文章內容轉換為想像，轉換的幅度和深度也

藉由「書 X 環境 X 經驗」的方程式，提高理解力

用電玩遊戲比喻閱讀

1

看攻略本 **＝讀書**

從遊戲雜誌上獲取遊戲的詳細資訊。

2

實際遊玩後全軍覆沒 **＝失敗**

魔王角色比想像中強大，無法順利擊敗。

3

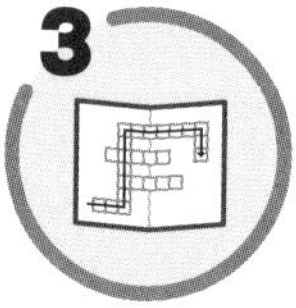

重讀攻略本，擬定戰略

＝重讀同一本書，找尋最適合的方法

開始懂得思考「要用哪個角色、
哪種戰術才能擊敗魔王？」

因為環境和經驗值的改變，
再次重讀同一本書時，
更容易看到原本行動前沒注意過的文章內容，
產生新的智慧。

都會比前一次更深更廣。當其中發生變化時，察覺到的新發現和閃現的新靈感也會同時變得更容易想像，更容易產生「智慧」。

秉持這時產生的智慧進一步行動後，身邊的環境和自身累積的經驗值又會再產生更大的轉變，就像這樣，不斷地循環提升自己。

依循這套**「書×環境×經驗＝理解力」**的讀書方程式，分別提升三個要件，除了能解決自己正面臨的問題外，還能拓展自我成長的幅度。

快速閱讀，提高理解力，拿出成果

如上所述，像乘法一樣把「書×環境×經驗」，得出的答案就是「提高理解力」。不妨**把書中內容置換到自己身上，將更能一邊閱讀，一邊想像解決自己的問題時應該採取的行動**。同時，也能事前消除對行動的焦慮不安，提高行動力，更容易達到「起而行」。

此外，**加快閱讀速度還有個好處，就是留下更多實際行動的時間**。

想像能夠幫助自我成長的行動是什麼，確保留下更多付諸行動的時間，如此一來，可以得到各種好處。

首先，第一個好處是**「在注意力渙散前就能讀完一本書」**。

因為已經知道不用把書中內容全部記起來了，所以讀完整本書的過程變得很輕鬆，也會愈來愈常感受到「讀完整本書」的成就感。

同時，有了「能夠讀完整本書」的自信，在看到乍看艱澀的書時，精神上的門檻也會降低。原本認為「好像很難……」而逃避拿起來看的書，也會更有勇氣拿起來看，增廣更多知識。

用透過書本增加的知識，乘以周遭環境的變化與累積的經驗值，提高自己的能力。漸漸地，能力提升後的自己，比從前更能牢牢記住書中的內容。

第二個好處是**「養成速讀的習慣後，對時間的感覺會變得更敏銳」**。

想著要快速讀完一本書，自然會去注意時間。正在閱讀的當下就不用說了，連工作時和日常生活中的閒暇，都會更注意時間。

「既然要花一樣的時間，有沒有更具生產力的方法？」、「等電車的時間是不是可以拿來做些什麼？」像這樣，自然產生試圖有效利用時間的想法。

如此一來，就會騰出更多用來付諸行動的時間資源，利用這些時間，又能再度提升書、環境、經驗等條件。

理所當然地，透過想像模擬實際體驗，還能降低實際行動前的焦慮不安，當時間上有了更多餘裕，精神層面就會跟著變得從容不迫，連帶而來的是行動品質的提升，在這樣的良性循環下，一再加速「書×環境×經驗」的成效。

以結果來說，快速閱讀反而能留在記憶中。

再者，考慮到還要將閱讀到的內容運用在行動上，快速閱讀多了「騰出時間付諸行動」的好處，對解決自身問題或課題更有幫助，更能提升自我。

升級你的閱讀方式

STEP 1

把書中內容置換到自己身上

- 更能一邊閱讀，一邊想像解決自己的問題時應該採取什麼行動。
- 消除對行動的焦慮不安，提高行動力。

STEP 2

加快閱讀速度

- 騰出付諸行動的時間。

STEP 3

從頭到尾讀完整本書

- 在注意力渙散前就能讀完一本書。
- 原本刻意逃避不看的書也能積極拿起來看了。
- 更能牢牢記住書中的內容。

STEP 4

對時間的感覺變得更敏銳

- 自然產生試圖更有效利用時間的想法。
- 騰出了更多用來付諸行動的時間資源。
- 精神層面變得更從容。

以結果來說，快速閱讀反而能留在記憶中，更能幫助解決自身問題或課題，提升自我。

第一章

九成社會人士不懂的真正閱讀術

懂得活用書本的人，為什麼每次讀一樣的書都有不同感想？

即使讀的是同一本書，你讀完後的感想，和你的上司或同事、朋友讀完後描述的感想一定有所不同。聽到別人的感想時，是不是常常恍然大悟「原來還有這種思考方式啊」。

事實上，若將讀書這件事定義為「把文字資訊轉換為想像」，只要轉換的方法不同，想像出的內容自然不會相同。

舉例來說，看到下面這行文字時，各位腦中想像的是何種畫面呢？

「一位有著大眼睛的美女站在那裡。」

有人腦中浮現的畫面是「大眼睛的美女」，也有人想像的是「身高修長，眼睛又大又亮的女孩」。兩種想像都正確。

這裡要強調的是，「即使看的是相同文章，從文章轉換成的想像（畫面）也不一樣。換句話說，每個人對內容的理解都不一樣」的事實。

假設你身邊原本就有一個「大眼睛」的女性，你的想像可能就會以這位女性為基礎。又或者，假設你偏好的是身材修長的女性，在你的想像中，就會浮現身材修長的女性畫面。

換言之，把詞彙或文章轉換為想像時，每個人的想像基礎都和自己平常接觸的環境或過去累積的經驗有關。

創造複數想像

你周遭的人會有跟你不同的想像，正是因為彼此身處的環境和過往經驗不同的緣故。前面提問「懂得活用書本的人，為什麼每次讀一樣的書都有不同感想」，用意就在這裡。**愈懂得活用書本的人，讀書時愈能創造出複數想像**。前面也提過閱讀時可將自己置入其中，想像自己採取的行動模式，此時想像出的行動模式愈多，就愈容易找出「這件事可以這樣做」的選項。更進一步地，把「這件事可以這樣做」的想像實際付諸行動後，經驗值也會跟著增加。

在對書本或文章內容做出解釋時，每個人依據的是各自不同的過去經驗與身處環境，想像出的內容與作者想傳達的印象有所落差也不奇怪。

但是，透過閱讀，讀者就像在盡可能貼近作者觀點的狀態下進行了一場模擬體驗，從而察覺或理解原本不明白、沒發現的事。這才是閱讀的真正目的。

讀同一本書卻有不同感想的原因

試著將詞彙或文章轉換為想像

例：一位有著大眼睛的美女站在那裡。

身材修長，
眼睛又大又亮的女孩

大眼睛的美女

經驗及環境的不同會造成不同想像。
愈是懂得活用書本的人，
讀書時愈能創造複數想像。

在學校學的讀書方式，出社會後並不適用

關於讀書的方法，幾乎所有人都是在學校學的吧。

簡單來說，大都是默誦，即在腦中以朗讀方式一個字一個字讀下來。

我猜大多數人的閱讀方式，從小時候到現在大概一直沒有改變過。

默誦這件事確實有其必要。

像是讀取詞彙本身特有的感覺，運用在說話和溝通的技巧上等等，有很多派得上用場

的時候。

然而，進入社會之後，閱讀工作上的文書或提升技能的書籍時，如果仍用一個字一個字讀下來的方式，很多比學生時代忙碌的社會人士無法從頭到尾讀完一本書。

但也有些社會人士即使沒有時間，還是能好好讀到最後，也能從中得到收穫。因為他們用的是和在學校學的默誦方式不同，更符合社會人士需求的閱讀方式。

學校考試的測驗題，基本上都從教科書內容出題，尤其是期中考、期末考等定期測驗，不但只會從教科書內容出題，範圍也有所限制，可以慢慢仔細讀。

因此，只要熟讀教科書的出題範圍，考試就能過關。

但是出社會之後，大部分的人都沒那麼多時間慢慢看書。

更有甚者，就算讀了書，書裡也找不到工作上面臨課題的答案，和學生時代只要背熟教科書內容就能考高分不一樣，背書毫無意義可言。

看說明書或工作手冊也一樣，即使把整本書背起來，也未必能達到製作說明書的人要求的工作水準。

換句話說，社會人士需要的是和學生時代不一樣的閱讀技巧。

學會讀出字裡行間的意思

那麼，具體來說該怎麼樣閱讀才好呢？

那就是以書本內容為起點，**把重點放在「能創造出多少與書本內容不同的想像」**。

舉例來說，一直沒有機會加薪，正在為錢煩惱的人，打算讀一本叫做《看見價值：巴菲特一直奉行的財富與人生哲學》（*The Tao of Warren Buffett*）的書。

書中有一句「投資和選擇工作一樣」。

看到這句話，他發現自己薪水一直沒有調漲的原因出在公司沒有賺錢，領悟到自己除了死薪水外，還得多學習投資相關的事。學了投資之後，找到更賺錢的公司再換工作，這樣或許就能解決目前收入不足的問題。

接著，他放下這本書，當作股票學習的一部分而看起了股市新聞網站，碰巧在網站上看到一篇關於「大塚家具面臨經營危機」的文章。

文章內容主要描述這間家具公司原本走高級路線，後來將經營模式轉換為大眾路線，一時之間業績雖然提高了，卻沒有辦法長久持續，經營陷入苦戰。

之後，他再重新打開《看見價值》一書回頭重讀，這次，注意力被寫著「將商品大眾化以增加銷售量雖然是簡單的做法，但要從大眾路線回到高級路線卻很困難」的文章吸引。這段文章令他聯想到大塚家具的經營狀況，於是繼續把這個章節讀了下去，獲得比第一次讀這本書時更深入的理解。

就像這樣，書本的內容與過往經驗及周遭環境的變化加乘後，就能在面臨工作上的問題或課題時，成為提供解決方式的靈感。

此外，即使是介紹技巧或訣竅的書，也要讀出內容的本質，像是「為什麼有必要採取這種方法」，或是「這種方法對平常正在做的工作或同事、組織會產生哪些影響」等等，換句話說，就是讀出書本字面上看不到，但隱藏在「字裡行間」的知識。

從書本內容找尋解決問題的靈感

例：閱讀《看見價值：巴菲特一直奉行的財富與人生哲學》。

1 讀到「投資和選擇工作一樣」這句話。

察覺自己薪水沒有調漲的原因出在哪裡，從中發現自己有必要學習投資和換工作，如此才能解決收入不足的煩惱。

2 看股市投資相關的新聞

注意到一篇描寫「企業從高級路線轉為大眾路線後陷入經營苦戰」的文章。

3 再次回頭讀書

注意到「將商品大眾化以增加銷售量雖然是簡單的做法，但要從大眾路線回到高級路線卻很困難」的敘述，比起第一次閱讀時，獲得更深入的理解。

透過書、經驗與周遭環境的加乘，
在面臨工作上問題或課題時，
找到提供解決方式的靈感。

讀想讀的書、易讀的書

小時候討厭國語課的人，一聽到「閱讀」就反射性地想到「念書」，對讀書避之唯恐不及，這種人應該滿多的吧。不過，各位完全不必擔心，那只是和學生時代的閱讀方式搞混了而已。

出社會之後，遇到要考執照或資格考時的「讀書」確實＝「念書」，但除此之外還有許多需要閱讀的場合，在愈來愈多的情形下，「讀書」已不等於「念書」。

對社會人士而言，閱讀的目的是為了解決自身面臨的問題或課題，或是幫助自己獲得成長。

讀書的目的不只是從中找出過往案例或學會訣竅，還要透過這些學習解決自己面臨的問題，促進自身成長，這才是讀書真正的目的。

找出對自己而言的好書

和學生時代的讀書不一樣，現在閱讀時已沒必要特別設限。

要是公司指定員工閱讀某本書，或只「因為是名人〇〇推薦的書」就被迫閱讀，像這種「不是自己想讀才讀」、「提不起勁來讀」的書，閱讀時會產生負面情緒，一旦出現「不想讀」的念頭，花在閱讀的時間就會減少，導致無法讀完整本的結果。

社會人士選擇要讀的書時，最重要的是，從各種可以幫助解決自身課題及協助自己成長的相關書籍中，**選擇「自己想讀的書」**。

只要是與達成目標有關的書都可以，就算是名著中的名著，如果一看到厚度或難度就覺得自己沒辦法讀下去的話，也不用勉強去讀。

舉個例子，剛進入社會，參加公司新人研習時，公司要求每個人都得讀一本《與成功有約：高效能人士的七個習慣》（*The 7 Habits of Highly Effective People*）。如果這本書乍看之下讓你覺得「好像很難……提不起勁來讀」，那就找漫畫版或圖解版來讀也沒關係。

讀了漫畫版或圖解版，腦中對內容已做出想像後，再回過頭去讀原著，由於這時「將詞彙或文章轉換為想像」的過程已經變得比原本順暢了，即使快速閱讀，也能維持「讀得下去」的感覺。

開始運用速讀方式快速讀完整本書後，就能擁有「把整本書從頭到尾讀完了」的成就感。

只要體會過一次這種成就感，將不再因為「讀書」＝「念書」而感到痛苦，即使遇到乍看之下「好像很難……」的書，也會自然興起「總之先讀看看再說」的念頭。

簡單來說，**在選擇要讀的書時，先從覺得自己「容易產生想像」的書開始比較好。**

在書店找出適合自己的書

那麼，不知道該讀什麼書才好時，如何找出適合自己的書呢？

首先去書店，把書拿起來，快速翻閱整本書。

這麼一來，包括標題和以粗體印刷的重要段落及各式詞彙就會快速映入眼簾，請一邊翻看、一邊從中找尋有沒有特別吸引自己的詞彙，帶著這種心情快速翻閱。

如果已明確掌握自己面臨的問題或課題，眼睛自然會看見與問題或課題相關的內容；有時，光是閱讀某本書的某部分內容，已能解決自己眼下面臨的問題。

當然，也有人不確定自己正面臨的課題是什麼，這種時候，還是可以快速翻閱書本，眼睛盯著頁面，腦中思考各種事，只要處於這種狀態下，目光依然能下意識地停留在自己所需或感興趣的內容上。

這時的**重點不是「閱讀」內容，而是用「搜尋」的視線快速瀏覽**。

接著，找到某個吸引自己注意力的詞彙後，停下來以正常方式閱讀那一頁的某一節。在這樣的閱讀過程中，確認大腦是否容易湧現「幫助自己解決課題的想像」，又或者，檢視文章中說明的事例及具體案例，看這些內容是否容易刺激自己創造想像。

整體來說，就是要確認「這是不是一本讀了容易創造想像的書」。

舉個例子，若是正獨立創業，打算籌組公司組織，卻為了種種問題而煩惱的人，打算讀一本叫做《失敗的本質》（失敗の本質—日本軍の組織論的研究）的書。

這本書的內容是以二次世界大戰中的日軍為例，名符其實以文字分析何謂失敗的本質。固然是一本名著，但對日本史沒有偏好的人來說，或許不是一本易讀的書。

暢銷書或知名書未必適合自己，也未必與自己的需求一致。

無論如何最該優先選擇的，還是「能幫助現在的自己更進一步成長」以及「能協助自己解決正面臨的問題」，**能實現這兩個目標的書、自己讀起來覺得好讀易懂的書、讀了腦中容易創造想像的書**，就是我們應該優先選擇的書。

如何閱讀超乎自己水準的書

閱讀完全不熟悉領域的書時，有時連單字的意思都不懂，沒辦法正常閱讀。所以，在閱讀這種第一次接觸的領域書籍前，必須先具備最低限度的相關知識。

在「書×環境×經驗」的乘法算式中，如果能先增加「環境」或「經驗」的數值，也不失為一個提高理解力的方法。

舉例來說，原本一直負責商品開發的人，被調動到業務部門了。

在商品開發部門時，需要熟知商品及開發方面的技術，到了業務部門，就必須熟知與客戶業務相關的技術及業界知識。這就是不同部門的「差異」。

這種時候，不妨增加拜訪客戶的次數，加強與客戶談話的內容，掌握客戶實際在做的事，以此為基礎，就能提高與業務內容相關的知識。

請教別人也是一個方法。「我剛調職到這個部門，有沒有哪些書能幫助我理解這個業界呢？」如果能得到別人提點，自己再善加運用書本的內容，就是最理想的狀態了。

這時透過閱讀，複習在第一線工作時得到的知識，配合工作上的經驗，閱讀時又更容易浮現想像，加強記憶。

當然，在對話中也可能出現許多聽不懂的詞彙，這時只要趕緊上網查就沒問題了。

在面對一個全新的領域時，即使馬上找書看，也只看得懂片段知識，想從書中找尋自己需要的資訊情報非常困難。

有句諺語說「逐鹿者不見山」，為了避免這樣的後果，不該把注意力都放在片段知識（鹿）上，而是先透過網路搜尋，累積一定程度的相關知識後再去讀書（入山），將能更快速地遍覽整體。

從前的人要調查不懂的事物時，除了從書中查找，沒有其他辦法，現在則可利用網路搜尋，快速獲得想知道的關鍵知識。

基礎程度的知識就用這種方法累積，同時也累積生活中的相關經驗，接著再透過書本，將知識做有系統的統整，如此一來，就能活化自己原本的知識和經驗了。這種做法可以更深入理解書中的知識，接下來準備付諸行動時，做出的想像也將更為明確。

用這樣的方法，就能讀懂平常讀了也不懂的書。學會這種方式後，讀書時請記得特意提醒自己快速閱讀。

如果覺得像上述這樣事先搜查相關資訊很困難，還有一個方法，那就是一次集中閱讀十本相關領域的書。請按照第三章、第四章中說明的方式閱讀。在開始讀的階段，請把重點放在找尋十本書都有提到的共通內容，以思考本質的方式閱讀。

這是因為所有書的內容都很可能是該領域的基礎知識。

為了找到共通點，連續閱讀十本書更容易直搗核心。

開始高速閱讀後，你的腦中會發生什麼事

即使對前面的說明都理解了，一旦要開始閱讀，腦中還是會反射性地做出「得背起來才行……」的念頭，因為過去學生時代的閱讀習慣並不容易改掉。

學生時代超過十年都反覆用那樣的方式閱讀，已經養成習慣了，改不掉也是很正常的事。

不過，只要學習速讀，就能把「試圖記住書中內容」的「死背」習慣改掉，掌握如何

從書中找尋新發現及新靈感的訣竅。

不用把速讀這件事想得太難，光是能比平常閱讀速度快就夠了。

不確定什麼叫「比平常閱讀速度快」的人，請試著在失去專注力前讀完一整本書看看。

不習慣閱讀的人，也可以改成在失去專注力前讀完書中的一章就好。

這種做法又稱為「期限效果」，隨著眼前作業的截止時間逼近，一心想要趕上期限的心理狀態，會提高人們面對作業時的專注力。

這種現象也適用於閱讀，設下一段固定的閱讀時間，打造出在期限前強迫自己專注快速讀完的環境。

認為「自己閱讀速度很慢」的人，只要在閱讀時**避免將時間花在「記住眼前的內容」或「回想曾經讀過的內容」，就能用比現在更快的速度讀下去**。

這和特快列車比普通車更快抵達目的地是一樣的道理，因為途中沒有停下來。

也就是說，只要中間不停，任誰都能用比過去更快的速度閱讀。

這一點很重要，所以再強調一次。**社會人士的閱讀不是為了「記住文章內容」，而是以「掌握關鍵，做出幫助自我成長的想像」為目的。**

因此別去管內容是否留在腦中，請在一本書中慢慢地創造自己的想像。

大腦適應後，能辨識的詞彙和文章都會增加

養成刻意快速閱讀的習慣後，結果很可能提高暫留在腦中的資訊情報量。

因為大腦有個善於適應環境的特性。

舉例來說，考汽車駕照時，大家都曾學過關於體感速度的錯覺。

這是長時間行駛高速公路後，下交流道回到一般道路時，會產生一股周遭車輛速度很慢的錯覺現象。因為大腦已經習慣在高速公路上時不斷向後飛逝的景色，在下了高速公路後，就會引起這種錯覺。

換句話說，**養成速讀的習慣後，大腦已經適應快速閱讀文章了，當大腦適應這樣的速度，即使高速閱讀還是能順利辨識詞彙與文章，而且其數量不減反增**。

對詞彙或文章的辨識成果及數量當然還是因人而異，不過，當發現文章裡多次出現的詞彙或自己感興趣的詞彙已經留在腦內時，不妨試著刻意放慢速度閱讀看看，這時會發現詞彙和文章內容比過去更清晰地進入大腦。

雖然留在大腦的資訊會像這樣增加，但請還是把重點放在快速閱讀上。

現代是一個不把時間花在記憶資訊的時代。想查什麼時，直接上網搜尋比較快，而且還可以從複數網站分別找到想找的單一資訊。

在這樣的時代，閱讀書本的意義在於**「面對煩惱與問題卻只有模糊的想法概念時，從書中獲得解決的靈感與智慧，創造想像並付諸行動，進而解決問題」**。

為了獲得更多智慧，我們必須改變身旁的環境，累積更多經驗值，想要做到這兩點，又需要更多時間。

快速閱讀不但能幫助大腦高速運轉，以比過去更快速度讀完文章所多出的時間，還能用來累積經驗，改變環境。

以最大限度活用大腦能力的閱讀術

設下時間限制

為閱讀時間設下期限，打造強迫自己專心快速讀完的環境。

習慣高速閱讀

大腦習慣提高的速度後，留在腦中的資訊量會增加。

快速閱讀文章可促進大腦高速運轉。
大腦適應高速後，
辨識的詞彙和文章也會增加。

為什麼人在閱讀過程中總是習慣「朗讀」？

想加快閱讀速讀時，除了「忍不住背誦」之外，還有另外一個壞習慣會造成阻礙。

那就是「在腦中讀出聲音」的習慣。

將文章讀出聲音，無論如何都會有速度上的極限。之所以會想讀出聲音，我猜想，可能還是來自學生時代上國語課時的朗讀習慣。

如前面提到的，朗讀有教育上的必要，尤其是幼年時期，朗讀教育確實不可或缺。只是在速讀時，朗讀帶來的卻是踩煞車般的作用。

用眼睛掃過文章的速度極限，和發出聲音讀出來所需的速度極限相比，後者顯然慢了許多。

舉例來說，用十秒掃過本書的一頁並不難，但若要發出聲音讀出文章內容，別說一頁十秒，二十秒也很難讀完。

以人類能聽清楚的速率說話時，每一分鐘平均能說的字數約為三百字。就算用快三倍的速度朗讀，要讀完這本書的一頁，算起來仍需要至少三十秒。

當然，技術上確實可以用更快的速度加倍播放聲音，現在也找得到不少以倍速播放聲音的應用程式。

只是，兩倍或許還沒什麼問題，當速度快到四倍、五倍時，聲音斷斷續續的情形就會變得更多更嚴重。

舉例來說，會話中如果有一句「媽媽，謝謝」，用兩倍速播放時，聽起來會變成「媽、謝」，整句話變得斷斷續續，也聽不懂到底是什麼意思。

DVD等硬體播放器都附有倍數播放的功能，一般這類機器設定為一點五倍時，聲音和畫面還是能順利同時播放，但若速度再加快，就只會看到畫面，無法順利播放聲音了。

由此可知，朗讀的速度再快也有其限度，**唯有不讀出發音的閱讀方式，才有可能讀得更快**。

養成「一看就懂」的習慣

那麼，不讀出發音，要怎麼掌握文章內容呢？

那就是——**養成「一看就懂」的習慣**。

聽到「一看就懂」，或許有人會以為這是某種新的閱讀方式。其實完全不是的，很多人也早就已經會了。

我想應該不會有人在餐廳裡說「我讀菜單」吧。

菜單都是用「看」的。但菜單上寫的一樣是文字。

換句話說，我們在看菜單時正處於對文字「一看就懂」的狀態。

舉個例子，看到菜單上的「香蒜辣椒義大利麵」時，不會有人把「香」、「蒜」、「辣」、「椒」、「義」、「大」、「利」、「麵」拆開來一字一字默誦吧。

對著這個詞彙一眼看過去，腦中立刻浮現對「蒜頭辣椒清炒義大利麵」的想像。簡單來說，只要把同樣的做法搬到閱讀書本時就行了。

當實際上將這個「一看就懂」的方式應用在閱讀文章時，有人之所以會失敗，原因出在「一次看的字數太多」。

經過一定程度的訓練，一次可看入眼中的字數當然可以增加，只是對於完全沒接受過訓練的人而言，要達到「一看就懂」，一次大概只能看七到十一個字，例如剛才舉例的「香蒜辣椒義大利麵」。

想培養這種「一看就懂」的閱讀感覺，最適合的教材就是報紙。

不同報社的報紙編排方式或有不同，但一行的文字大概就是十三到十五個字，讀報時以一行為單位進行「一看就懂」的練習，眼睛對著直書的報紙橫向平移，用這種方式慢慢練習，養成無論有多少字也能「一看就懂」的習慣。

我自己在剛開始學習速讀時就用了這個方法練習，這正好也是可以在日常生活中隨時進行的練習。

雜誌或漫畫類的出版品，一行文字大約十五字，使用這種出版品來練習也不錯。這類差不多十五字就換行的文章，寫的人通常也會以「易懂」為原則來書寫。

其中尤以電子報等在網路上刊行的文章，由於換行的位置必須固定，寫出的文章都很適合用來練習「一看就懂」。請多多善用這類媒體文章，養成「一看就懂」的閱讀習慣。

此外，用Twitter這類「微網誌」代替報紙，也能成為頗有效率的練習工具。

比方說，Twitter上一則推文的投稿字數限制是一百四十個字，換句話說，得在極為有限的範圍內寫完一則貼文。因此，某種程度來說，推文的內容都會寫得讓人一看就懂。

平常實際上有在使用Twitter的人，說不定不會說自己「讀」推文，而是「看」推文吧。如果是這樣的話，看書時，也請和看Twitter上的文章時一樣，用「一看就懂」的方式去閱讀吧。

以一行為單位練習「一看就懂」

例：看報紙。

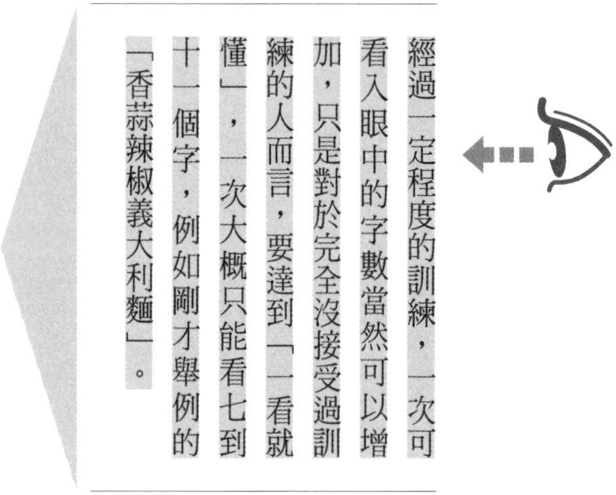
經過一定程度的訓練，一次可
看入眼中的字數當然可以增
加，只是對於完全沒接受過訓
練的人而言，要達到「一看就
懂」，一次大概只能看七到
十一個字，例如剛才舉例的
「香蒜辣椒義大利麵」。

刻意以一行為單位做「一看就懂」的練習，視線對著直書的文章看，但卻是一行一行橫向平移。

用Twitter的貼文代替報紙，也能成為頗有效率的練習工具。

一本書與其花三小時讀一次，不如一小時看三次

開始用「一看就懂」的方式高速看文章後，腦中無論如何還是會浮現「想背起來」、「想理解意思」的念頭。

這是因為，腦中潛在著「文章如果沒有背起來也不徹底理解，只是一直讀下去並沒有意義」的想法。

但正如我前面的說明，放慢速度看也不代表背得起來或能夠理解真正的意思。那麼，

到底要怎樣改變腦中這個既有的概念呢？

既然過一段時間就會忘記的話，只要在忘記之前再看一次就好。只有這個辦法了。

換句話說，就是**反覆學習**。

舉個例子，假設你因為工作關係參加了業界的某個論壇，在那裡認識了許多人。幾個月後，你再次參加了另一個相關活動，看到一個上次好像見過的人。「上次應該見過才對啊，這個人叫什麼名字來著……」這種經驗應該不少人有過吧。

不過，假設在第一次活動上認識後，你們連續好幾天都有機會見面，且每次都能確認對方的名字，那麼就算再睽違幾個月，下次見面時，你一定不會忘記那個人的長相和名字。

連續幾天見面和確認名字就是一種「反覆學習」，經過反覆學習的事物自然就能記住。

相反地，彼此只見過一次，中間一直沒機會再碰面的話，若睽違多時再碰面，會想不起對方長相或名字也是理所當然的事。

逐漸從整體往細節聚焦

同樣的道理亦可套用在閱讀上。

比起一次花三小時讀一本書，不如一次花一小時讀，連續讀三次，記住內容的頁數反而比較多。

每一頁每一句細讀時那種「背起來了的感覺」或「理解內容了的感覺」，換成快速閱讀時，或許確實比較淡。然而事實是——快速閱讀能記憶得更多，獲得更深入的理解。也正因為速讀，所以多出更多用來反覆學習的時間。

不妨試試用森林調查來比喻一本書讀三次的速讀方式。

第一次調查時，只要掌握森林整體的樣貌即可，例如「北側有桃樹、南側有梨樹分佈」等，雖然無法確認每一棵樹的狀況，但已可掌握整座森林樹種分佈的狀況，理解到這種程度就夠了。

第二次調查時，就可以開始確認每一棵樹的狀況了。

例如：「北側的每棵桃樹各結了多少菓子呢？」像這樣掌握細節。

第三次調查時，確認的是樹上結的果實狀況。例如「差不多可以摘下來吃了嗎？」等等。

將上述調查方式置換為實際上的閱讀，讀第一次就是先讀目次、章節標題，確認書中的哪一部分寫的是哪方面的內容。

讀第二次時，則按照標題確認每個章節的結論。這時確認的基準是內含粗體字的文章。也可以參考起承轉合、序破急或論文形式等文章架構來當作找尋重點的基準。

讀第三次時，確認的是文章中特別常使用哪些詞彙。

如上所述，把關注的焦點從全面逐步延伸到細節，就能掌握整座森林的整體狀況，而且不會忘記。

同時，一旦加快了閱讀速度，又能再確保足夠的時間反覆學習，以結果來說，更加深了記憶與理解的程度。

一本書看三次，增加記憶量的方法

用森林調查來比喻

〔第一次〕

綜觀森林全體

閱讀目次和章節標題，
確認書中的哪個部分寫了哪些內容。

〔第二次〕

調查每一棵樹的狀況

按照標題確認
每一個章節的結論。

〔第三次〕

調查樹上結的果實狀況

確認書本內文中經常使用哪些詞彙。

**與其花三小時看一本書，
不如一本書花一小時，連續看三次，
更能增加留下來的記憶。**

刺激聽覺與嗅覺，創造速讀模式

要不要快速閱讀，其實端看自己怎麼決定，對文字「一看就懂」的能力也早就已經擁有了，剩下的，只要提醒自己別再恢復長年以來的默誦習慣就好。

以下將介紹幾個訣竅，幫助我們塑造一個更容易從「逐字默誦」轉換為「一看就懂」的環境。

重點是**「打造一個一邊刺激視覺以外的感官，一邊閱讀的環境」**。

刺激聽覺

舉例來說，一邊聽音樂一邊閱讀，就是在打造一個刺激聽覺的環境。

藉由放音樂這件事刺激聽覺，在大腦又試圖逐字默誦或讀出發音時，可適度地轉移注意力。

轉移掉想逐字閱讀的注意力後，視線落在書頁上時，就不會再一個字一個字默誦，而變得以看圖像或插畫般的視線閱讀。

平常視線落在寫有詞彙或文章的紙本上時，由於過去閱讀習慣的根深蒂固，無論如何都會反射性地想「逐字閱讀」，相較之下，視線落在畫冊或寫真集之類的紙本上時，就不會有「閱讀」的感覺。

以寫真集為例，說得極端一點，就算一邊跟旁邊的人說話，還是可以一邊往下看。但是，想要一邊跟人說話一邊閱讀文字組成的文章就很難了。這是因為周圍的聲音和腦中默誦時的聲音同時響起，大腦不知道該專注在哪個聲音的緣故。

我在閱讀時放的音樂，從開始學習速讀到現在，基本上都是古典樂。

不過，放音樂的目的充其量只為了「養成速讀的習慣」，所以，請不要把注意力放在音樂上，若是結果導致無法理解書的內容，那就本末倒置了。

養成快速閱讀的習慣，騰出時間給「書×環境×經驗」算式中的「環境」和「經驗」，結果就能有更多時間重複學習，提高對書本的理解程度。

在此要注意的是，不要把「目的」和「為了達成目的而採取的行動」混淆了。

刺激嗅覺

在有固定香氣的環境裡切換速讀模式也是一種方法。

我還在學習速讀時，為了達到「讀書時不會想睡覺」的目的，總是會泡咖啡喝。當時我還不知道的是，這麼做除了有提神的效果，其實也有幫助提高速讀能力的作用。

咖啡的香氣有加快大腦運作的效果。雖然不同種類的咖啡豆效果也有所差異，一般來說，巴西聖多士、藍山或夏威夷可那等種類，都有提高大腦處理資訊速度的效果。

光是咖啡的香氣本身就有助於速讀，現在回想當時的狀況，發現其實還有另一種效果。剛到我速讀教室來上課的學生，在欲提高閱讀速度時，最常遇到的煩惱就是「改不掉想逐字默誦的習慣」。

我自己剛學速讀時也曾有過一樣的煩惱。只是，每天上班的時候，難免還是會遇到需要逐字逐句閱讀的場合，於是我便決定「至少在進行速讀訓練時，一定要特意提醒自己避免逐字逐句，刻意快速閱讀」。

就在這樣的重複執行中，我進入了所謂「巴布洛夫的狗」注的制約狀態。因為只要一踏進教室就聞到咖啡的香氣，不知不覺間，即使沒有刻意想速讀，只要一聞到咖啡的氣味，就會自動切換為速讀模式。

人類的五感中，除了嗅覺之外的其他感官，都會先經過大腦處理思考及判斷的區域，然後才進入處理情感的區域。相較之下，只有嗅覺情報是直接進入大腦處理情感的區域。

換句話說，不管大腦多努力想「進入速讀模式吧！」，也比不上在嗅覺的刺激下，宛如直接訴諸本能般下意識地切換為速讀模式。

像這樣為不同閱讀目的打造不同的周圍環境，矯正一看到文字就想逐字默誦的習慣，就能養成快速閱讀的能力了。根據不同的閱讀目的，改變播放的音樂或刺激嗅覺的氣味也是不錯的方法。

不只學習速讀時是如此，做任何事都一樣，與其光靠自己的力量，不如改變場所或借助周遭的力量，如此一來，即使不勉強自己，也能自然得到轉變。

只要掌握訣竅，人人都能養成持續的習慣。不過，有時光是一心想努力，還是很難持續下去。因此，請在自己能改變的範圍內，試著打造一個快速切換速讀模式的環境吧。

為了不再重回逐字默誦的閱讀方式，非常重要的一點是，必須把自己丟進速讀模式的環境，讓速讀的習慣固定下來。

……………………

注——俄國科學家巴布洛夫著名的實驗。讓狗看食物，狗會流口水；食物出現時加入鈴聲，之後狗聽到鈴聲便會開始流口水。

第二章

用最快最短方式讀取內容的四大重點

第一件事是養成快速閱讀的習慣

序章已經提到，可以透過「書×環境×經驗」的加乘算式，達到快速閱讀理解的目的。

快速閱讀幫助我們有效騰出多餘的時間，而將閱讀的內容產出時，與其將書中的內容寫下來，不如付諸行動改變周遭環境。最重要的是，透過經驗的累積，提升「書×環境×經驗」的三要素，提高理解能力。

第一章說明的是工作成績出色的社會人士如何讀書。

學生時代學到的讀書方式，其目的是為了應付考試，重視的是如何記住教科書的內容。

出社會後的讀書方式，目的則是解決自己面臨的課題，幫助自我成長，在付諸行動時獲得更多新發現與新靈感，藉以創造更多不同的想像。成為社會人士之後，就算把整本書的內容背下來，也未必能「得高分」。

對社會人士而言，想要「得高分」必須透過閱讀，因為書本中濃縮了優秀專業人士的智慧及見識，從閱讀中獲得解決課題的模擬體驗，消除對付諸行動躊躇不前的不安，最後實際採取行動。

為了採取實際行動，需要有足夠的行動時間，因此，必須盡可能縮短閱讀書本的時間，這就是速讀的必要。

本章將傳授實際上用最快速度，在最短時間內獲取書中知識的方法。

改掉不良的閱讀習慣

首先，閱讀速度慢的人經常有個壞習慣，那就是邊讀邊思考，結果陷入遲遲無法往下讀的狀態。以下介紹的是改掉這個習慣的方法。

請將「閱讀」與「思考」分開執行。

執行起來並不困難。只要貫徹這一點：**「不要看一小段就回頭重看」**。在這個階段，即使閱讀速度慢也完全不用介意，只要做到用眼睛掃過整本書，培養「從頭到尾看完整本」的感覺即可。

如果無論如何都會在讀到一半時思考起來，或是無法持續不斷往下讀的人，請先試著從「一口氣讀完一章」開始練習。有些書可能光是一章內容就很長，這時也可以將一章分成幾段，從一口氣讀完一段開始練習。

比起「牢牢記住」，更要以「從頭讀到尾」為優先

在閱讀過程中，就算覺得「已經忘記前面內容寫了什麼」也沒關係，**請以持續不斷地閱讀下去為最優先**。

這麼做的目的，是要**矯正讀到一半停下來，無法從頭讀到尾的壞習慣**。

比方說，讀一本講溝通技巧的書，就算讀到一半忘了前面內容寫什麼，至少也還記得「這本書的內容不是講簡報提案的技巧」。

只要知道或記得「這本書不是〇〇類的內容」，閱讀時有這種程度的認知就夠了。

正如前面所說，人類無論多努力死背還是會忘記，閱讀時只要抱著「忘記的內容之後再確認就好」的心情，最重要的是持續往下讀。

習慣這種方式後，就算無法清楚記得全部內容，至少會留下「前半段大概在講不同世代適用的不同技巧，後半段講的是與男女性別有關的內容」等印象。對於書的內容大概在寫什麼，輕易就能做出想像。

養成整本讀完的習慣

刻意加快速度閱讀時，需要能維持這份意識的專注力。

每個人的專注程度不同，和習不習慣閱讀也有關係，在讀完整本之前，或許有些人就會先面臨到注意力無法集中的問題。

遇到這種情況就反過來解決，逼自己**快速閱讀到無法再集中注意力為止，但只要無法專注了就先停下來**。用這種方式練習，一定能練到一口氣讀完整本。

在我的速讀教室上完整套課程的學生，有人以一天看五分之一章，一星期讀完一本書的方式訓練速讀習慣。根據他的說法，因為專注力無法支撐自己持續快速閱讀完一整本，但想想至少可以持續五分鐘吧，於是要求自己每天只要專注快速閱讀五分鐘就好。

以結果來說，他每星期可以花三十分鐘左右的時間讀完一本書，一年讀完超過六十本，這樣的狀態持續了超過三年。要是能將某一領域的書讀完六十本，已經可以獲得該領域相當豐富的知識了吧。

另外，閱讀和工作不同，不像工作一樣有期限範圍，非得在什麼時候開始，什麼時候結束不可。因此，一開始快速閱讀，就全力向前狂奔到筋疲力盡，注意力無法集中為止，然後休息一下，等注意力恢復了再重新開始。因為不是工作，像這樣反覆中途暫停也沒關係。

因此，在刻意快速閱讀的過程中，只要一發現速度變慢或覺得累了，就找個適當的段落先停下來休息也無妨。

只要最後讀完整本的時間夠短，就能多出時間創造想像，實際付諸行動。

當然，剛開始可能必須頻頻暫停休息，即使如此也沒關係。慢慢習慣快速閱讀後，暫停休息的頻率也會降低。不用著急，以自己的步調在能力所及範圍內慢慢調整即可。

先讀最前面和最後面

在商業類的翻譯書中常見一種文章結構，就是先把結論概要寫在最前面，接著提出幾個證明論點的例子，最後再做一次總結。

閱讀這類文章時，**請先讀最前面和最後面的結論部分**。至於中間舉出的具體案例，就盡可能快速看過去。**先知道結論之後再看中間舉出的具體案例，會比用單一速度從頭讀到尾看得更快**。

這種時候，中間舉出的具體案例不用看得太仔細，只要掌握「大概是以星巴克為例說明了什麼」的程度就可以，重點是盡量加快速度讀過去。

這麼一來，就能縮減讀完整本書的時間。即使不知道具體案例的內容是什麼，只要透過結論和整本書傳達的訊息做出想像，就能大致掌握整體內容。用這種方式爭取更多時間，就更容易養成速讀的習慣。

如果一本書的章節段落分得太瑣碎，善用目次也是一個方法。從目次標題掌握文章整體的方向和想表達的核心概念，據此創造想像。

無論如何，**最重要的不是「記住內容」，而是「感受讀完整本書的成就感」，把重點放在這裡，先專注在養成快速閱讀的習慣吧**。

以快得沒時間思考的速度閱讀

前面雖然介紹了「養成快速閱讀習慣」的方法，但是究竟要讀到多快呢？

基本上只要刻意讀得比現在自己閱讀的速度快就可以了。

理想狀態則是以十秒讀完一頁的速度閱讀。

要是抱著「還有時間」的心情，或是一邊閱讀一邊思考文字內容，閱讀速度就快不起來了。

閱讀時忍不住思考起來的情形有兩種。

- 無法從文字詞彙上做出想像而陷入苦惱時。
- 儘管做出了鮮明的想像，但忍不住深入思考起「如果是自己會怎麼做？」

無法從文字詞彙上做出想像的人，**只要繼續往前讀下去，掌握整本書的整體樣貌，這時自然就能進入容易浮現想像的狀態**。

只讀部分文章就陷入「這樣我想像不出來」的煩惱，只不過是浪費時間，不如把思考這種事的時間拿來加速閱讀。

將書本內容套用在自己身上，卻因為無法順利想像而陷入思考時，還是一樣要繼續往前讀下去。因為只要繼續讀，視野就能更開闊，看到更多觀點。

既然套用在自己身上能做出鮮明的想像，讀完整本之後一定還記得書中某些激發這種想像的資訊，因此無論如何，繼續往前快速讀完一整本還是最重要的。

不是「閱讀文字」，而是「讓文字進入視野」

快速閱讀整本書的訣竅之一，是**放棄「閱讀」的想法，只要「讓文字進入視野」**即可。

意即，當視線落在文章，詞彙映入眼簾時，不要試圖記住那些詞彙，只要看懂意思就接著往下一個詞彙移動。

不必等記住前一個詞彙才移動到下一個詞彙。詞彙映入眼簾的當下，如果是不認識的詞彙，只要理解為「這是一個不認識的詞彙」即可，視線很快地接著往下一個詞彙移動。

看一頁文章的感覺就像在看一幅插畫，類似玩「大家來找碴」，在一幅插畫中找出細節用了什麼詞彙。

「眼前有兩幅畫，請找出兩幅畫中不同的部分。」帶著解答這種問題的心情比較兩幅畫。

首先，一眼望去，看出插畫的整體畫的是「海邊的風景」，認識整體後，再開始找細節的差異。

幾天之後，當你回想起當時玩的「大家來找碴」，就算想不出差異的地方在哪裡，一定也還記得那是「畫了海邊與港口風景的插畫」，腦中還留有這樣的印象。速讀時的「讓文字進入視野」，就類似這樣的感覺。

用觀看插畫的視線看文章，腦中就不會再試圖讀出文字的發音了。

透過單一詞彙達到「一看就懂」的訣竅

如果閱讀的速度無法提升，請先按照第一章「為什麼人在閱讀過程中總是習慣『朗讀』？」中提到「香蒜辣椒義大利麵」時介紹的方法，以單一詞彙為單位分解文章，專注於執行「一看就懂」的閱讀方式。**光是能從「逐字閱讀」切換為「一看就懂」，閱讀速度就會加快不少。**

切換為「一看就懂」後，有些人閱讀的速度甚至能加倍提升。即使不到加倍的地步，只要開始嘗試這麼做，閱讀的速度也就夠快了。

透過以詞彙為單位來分解文章的方式練習「一看就懂」時，還不習慣的人只要注意以漢字起始的詞彙、接續詞及文章末尾的詞彙就好，這些詞彙中間的語助詞等文字則可以忽略。如此一來，練習就會順利得多。

舉例來說，在《如果，高校棒球女子經理讀了彼得．杜拉克》一書中有下面這段文章：

「那麼，對棒球隊來說到底誰才是顧客？還是說，來球場看球的觀眾就是了？可是，我總覺得這樣不太對。一如棒球隊的定義不是『打棒球』，說棒球隊的顧客是『來看比賽的觀眾』，好像還是不太對。」

練習速讀時，如果只看以漢字起始的詞彙和接續詞及文章末尾的詞彙，結果就會是這樣：

「那麼　棒球隊　誰　顧客？　還是說　球場　看球　觀眾　就是了？

可是　總覺得　不太對。　棒球隊　定義　不是　棒球　棒球隊　顧客　來看　比賽

觀眾　好像　不太對。」

實際閱讀文章時，視線還是會從單一詞彙與單一詞彙之間的文字上移動過去，讀起來沒有上面這麼支離破碎。重點是不要逐字默誦，而是把視線放在一個一個詞彙上，即使腦中不讀出發音，只要繼續往下看，自然能浮現文章想表達的印象。

即使某一段落的印象無法順利浮現，若是讀的速度夠快，之後就有足夠的時間再度回想，快速閱讀也能保留更多用來思考「那是什麼意思」的時間。不管怎麼說，都要提醒自己閱讀時最重視的就是速度。

如何善用數位工具

使用電子書籍等數位工具培養「一看就懂」的感覺也是很好的方法。其中尤以社群網站上的文章為最。看這類文章時，比起「閱讀」，可以「一看就懂」的情形更多，看電子書也是類似的感覺。

不過，只要某種程度養成「一看就懂」的習慣後，還是要改回閱讀紙本書。我到目前為止指導過的學生中，也有不少人在閱讀電子書時速度很快，一回到紙本書速度又慢下來。

紙本書的開本尺寸和電子書不同，字型大小也無法調整，這些可能都是影響閱讀速度的原因。不過，我認為最大的原因還是在於「面對紙本書時，腦中反射性地出現國語課本（念書）的印象」，使得大腦自動回到逐字閱讀的方式。

但是，即使讀的是紙本書，該做的還是跟看電子書一樣，要用「一看就懂」的方式去速讀。

只要你在餐廳看菜單時是一看就懂的人，就表示同樣的方式能夠用在閱讀紙本書上，若發現自己在閱讀紙本書時速度「太慢」，請趕緊找回瀏覽網路文章或看電子書時那種「一看就懂」的感覺，再回到紙本書上試試看。

寫下留在腦中的詞彙和文章

養成快速閱讀的習慣後，接下來就試著把留在腦中的詞彙或看完整本書後留下的印象寫下來吧。拉出腦中資訊的方式，在第三章中會有詳細描述，在此先介紹整理腦中資訊的方法。

如果你是以章節為單位閱讀，每讀完一章停下來時，就試著將剛才看的章節內容寫出來。順帶一提，以章節為單位閱讀時，不需要從第一章開始按照順序讀，在目次中找到自己感興趣的標題，從感興趣的章節開始讀即可。

開始寫的時候，**先試著以「寫下單一詞彙」的方式寫出留在腦中的內容**。寫下幾個詞彙後，眼睛看著這幾個詞，自然就能想出這些詞彙旁邊還有哪些詞彙，以及這些詞彙組成的文章留在腦中的印象。

以最初寫下的詞彙為中心，反覆補上旁邊的詞彙後，整體就會成為接近一篇文章的程度。

「寫下留在腦中的詞彙↓浮現這些詞彙旁邊的其他詞彙或文章留下的印象」，按照這樣的順序，就能將資訊輕鬆地組織起來。

寫下在腦中轉換成想像後的內容

這麼做的條件只有一個，那就是徹底執行前一章節說明過的「快速閱讀」。

一旦閱讀的速度慢下來，就像前面舉過的例子，從高速公路下到一般道路後會產生錯覺一樣，閱讀速度一慢就失去了可塑性。重點是要盡可能快速閱讀，以便在腦中留下更多內容。

若閱讀速度太慢，讀完後開始寫下書中內容時，剛讀過不久的文章內容或詞彙可能還寫得出來，但更前面讀到的部分就回想不起來了，讀到的內容也就無法以最大限度發揮可塑性。

不管怎麼說，**寫下的仍必須是「整本書」留在腦中的詞彙和文章**。

此外，寫下來的內容不用和書中文章一模一樣。

比方說，看完的書是《Google創投認證！SPRINT衝刺計畫》（*Sprint: How to Solve Big Problems and Test New Ideas in Just 5 Days*）。書中講述如何花五天時間做完相當於原本好幾個月份量的工作，並舉了藍瓶咖啡和通訊軟體Slack為例子具體分析。

假設讀了講述將資源動線「畫成地圖」的章節，在寫的時候不用把「可用在思考模型構造上」或「如此一來就更容易掌握整體結構」等書中語句默寫出來也沒關係，**只要能寫**

出如何將自己經手的服務或商品資源動線畫成地圖的文章就可以了。

如果寫成文章還太難，像流程圖一樣寫下單字，畫上箭頭連接，實際畫成地圖也是一個方法。

總而言之，「寫下留在腦中的內容」並非要你默寫書上語句，而是寫下在腦中轉換成想像後的內容。

從靈光一閃到想像，再連結到行動

在用自己的話寫下書中內容時，如果觸發了其他想法，也全部都寫下來。

和書中寫的內容不完全相符也無妨。正因為是在自己腦中轉換成想像後的內容，某些情形下，比起書中的內容，寫下的可能更多是與自己身邊環境或日常生活相關的事。

若再**繼續擴大想像**，**說不定還能從中發現可應用在工作上的靈感或商機**，**機會的種子就從這樣的過程中誕生**。

以我自己的例子來說，曾經在讀完《與成功有約：高效能人士的七個習慣》後，寫過關於「下金蛋的鵝」的故事。

先為沒看過這本書的人說明一下，「下金蛋的鵝」是伊索寓言裡的一個故事，講述農夫養的鵝一天下一顆金蛋，賣了金蛋的農夫變成富翁，卻對一天只能下一顆蛋的鵝感到不滿，利慾薰心的農夫於是剖開鵝肚，想拿出裡面的金蛋。沒想到，不但鵝肚裡沒有金蛋，下蛋的鵝也死了。

這裡的金蛋就代表Ｐ（Performance, 產出），鵝就代表ＰＣ（Performance Capability, 產能），書中舉這個例子是要說明取得產出與產能間平衡的重要性。

寫下這段內容時，我內心浮現的想像是，對我而言，ＰＣ就是刺激我動念開設速讀教室的人。

那時，我忽然想到：「咦？這麼說來，對那個人而言的ＰＣ又是什麼呢？」

包括速讀教室在內，當時我從事了各式各樣的活動，我開始寫下在這些各式各樣的活動中「對我而言代表ＰＣ的人」的ＰＣ，發現結果幾乎都指向同一個人。

隨著我將注意力放在ＰＣ的ＰＣ身上後，身為上班族的我開始升職，之後獨立創業，不斷擴大速讀教室的規模，所有我從事的事業都發揮了前所未有的高效能。

如果我在寫下書的內容時，只單純思考「書裡寫了什麼」，大概只能確認自己的ＰＣ是什麼吧。

然而，正因實際上寫下來之後，我抱著「超出書本內容範圍也沒關係」的輕鬆心情，**一邊看自己寫下來的內容一邊思考，才更擴大了思考範圍，創造出更多想像**。

腦中閃過「這表示……？」的靈感，或是在閃過靈感時展開的思考，往往一閃而過，轉眼就忘記了，所以最好在寫下書中內容時一起思考比較好。

就算想到的是與書中內容無關的事，以上面的例子來說，就是「不斷往下思考ＰＣ的

ＰＣ是什麼」，請像這樣盡可能拓展想像。只要盡量做到不停止思考，就能輕鬆完成這一點。

事實上，回想起記得的書本內容時，往往是以「自己創造出的想像」為起點。

簡單來說，自己創造的想像擔任的就是啟動裝置的角色，受到啟動後，大腦就會想起書中的內容。

而這些想像都來自個人過去獨特的經驗和周遭環境，因此，寫出與書中文章不同的內容反而比較自然。

代入自己的立場

我以前學習投資時，從教投資的老師那裡學到交易規則。可是，即使按照老師教的交易規則去做，我的投資還是一點也不順利，令我十分苦惱。

起初，我以為是自己還不夠嚴格遵守老師指導的交易規則，於是曾經寫過程式的我，就把老師教的交易規則寫成電腦程式，不加入任何主觀，打算嚴格按照規則下單投資。

然而，就算按照老師教的交易規則邏輯寫成程式，不知為何，我就是無法和老師在同一時間點下單，交易成績也不見起色。我一直想不通，到底是為什麼。

同一時期，我也從事建立系統架構的工作，因為擁有氣象預報士執照的緣故，我加入了一個運用氣象數據資料建立天氣預測模型的計畫。

在那之前的氣象預測一直由第一線人員以直覺預測，所以，在架構預測模型的系統時，第一步就是要釐清決定預測結果的「決策」該怎麼下。

只是，第一線的工作人員也苦惱著該如何才能用言語或模型做出預測，在這樣的狀態下，即使聽了再多第一線的意見也看不到架構的雛型，陷入如果不找到一個突破點，工作就遲遲無法進展下去的狀況。

這時，我聽到「決策」這個關鍵字，碰巧又在書店裡看到一本叫《華頓商學院：決策聖經》（*Wharton on Making Decisions*）的書。

這本書的內容與站在經營者角度的決策有關，和氣象預測模型乍看之下毫無關聯，但是我在書店裡找不到其他以「決策」為關鍵字的書，加上我認為，身為社會人士，閱讀為的是獲得未來或許派得上用場的知識，於是姑且買下了這本書。

開始讀之後，我發現其中有一段關於「模型與直覺」的內容。

簡單來說，這段內容寫的是根據數據資料統計，比起光靠模型判斷或光靠專家的直覺判斷，不如將模型與專家的直覺組合起來，做出的判斷精準度更高。此外，書中也提到用什麼樣的模型組合哪些直覺較好。

閱讀到這樣的內容時，我採取了「如果置換到自己的計畫會怎樣……」的觀點發揮想像，就在這時，腦中忽然閃過一個靈感——「如果把這種想法套用在投資交易上呢？」

受到這個靈感啟發，我重寫投資交易程式，不再讓程式只按照老師指導的交易規則買賣，而是讓程式在滿足某種交易條件時寄信通知我，收到通知後，我自己再做出最後是否買賣的判斷。

換句話說，我把對價格變動的自動判斷交給模型，再靠自己對時事及金融新聞的知識做出手動（直覺）判斷，互補了彼此的缺陷。如此一來，我下單的時機就愈來愈接近老師，投資成效也愈來愈好。

從這個例子可以看出，我剛開始讀這本書時，雖然為的是與投資完全無關的目的，卻因為受到書中內容的啟發，獲得解決自己煩惱的靈感。

社會人士的閱讀就該像這樣，不光只是對書中內容做出解釋，而是要置入自己身處的狀況思考，發揮想像。

就這層意義來說，**在閱讀後寫出書中內容時，最好連書中沒有的詞彙或文章一起寫出來，更容易獲得靈感和啟發**。

聽到要在讀完一本書後寫出內容時，之所以會習慣性地試圖默寫出書中的文章或詞彙，或許是因為腦中瞬間浮現了學生時代的國語課作業「讀後心得」吧。

社會人士閱讀後應有的書寫

在我的速讀教室中，會帶學生讀一本叫《蜘蛛絲．杜子春》的書。其中「杜子春」的故事講述一個叫杜子春的人，因為得到大筆財富而察覺家人的重要。

讀完這本書之後，若是一般的讀書心得感想，寫下的內容大概會是「自己也要好好珍惜家人」、「金錢不等於一切」之類的想法。

然而，社會人士在閱讀後應該書寫的，不是這種讀書心得式的感想，而是該回想「如果把平時的工作代入書中內容，自己有沒有太輕視工作夥伴或對金錢太執著的地方呢？」如果察覺到這一點，就再寫下「該如何改善？」等想法。

和小學或國中的讀書心得感想不一樣，社會人士閱讀後書寫的目的不是考高分。

當然，針對故事內容寫下讀書心得的模範感想文也有它的好處。那是學生時代培養語彙能力，學習如何正確理解文章的重要過程。

只是，累積了某種程度的語彙能力，也能正確解讀文章後，就該開始**改變閱讀方式，將自己身處的狀況置入書中內容，設想哪些行動能幫助自己成長，想像實際付諸行動時該怎麼做**。

對實際付諸行動時的想像愈具體鮮明，愈能消除行動前的憂慮不安，增加好奇心，提高行動力。

只要能提高行動力，就能為身處的環境帶來更好的改變，累積更多嶄新的經驗，提高「書×環境×經驗」的等級。

用最快最短方式讀取內容的四大重點

1 養成快速閱讀的習慣

- 不要只看一小段就回頭重讀。
- 以從頭到尾完整讀完為優先。
- 在還能維持專注力的範圍內快速閱讀。
- 專注力一恢復就再次開始閱讀。
- 先讀寫在最前面和最後面的結論。

2 用快得沒有時間停下來思考的速度看書

- 比起「閱讀」，更像用視線「掃過」書上的文字。
- 從逐字閱讀切換為「一看就懂」。
- 使用電子書等工具練習「一看就懂」的感覺。

3 寫下留在腦中的詞彙或文章

- 寫下在腦中想像過的詞彙或文章。

4 從乍現的靈光中發揮想像，付諸行動

- 把所有想到的事都寫下來。
- 把自己身處的狀況置入書中。
- 創造對行動的想像。

第三章

終極速讀，提高情報搜集力

快速看一到兩次的「一秒閱讀」

實際上該讀得多快，同時又能獲得深入理解，接下來就按照順序為大家說明。

首先，**請盡可能用最快的速度，把整本書從頭到尾看一到兩次**。讀的時候，要在腦中留意以下六個重點。

①目標是平常閱讀時間的三分之一。
②以一秒一行的速率看下去。
③特別在意的地方先做記號，繼續往下讀。
④幫助切換速讀模式的眼球運動。
⑤比起「自我滿足」，應以「自我成長」為優先。
⑥善用工具，降低「看起來很難」的門檻。

目標是平常閱讀時間的三分之一

具體的閱讀速度雖然會因閱讀的書籍不同而改變，內容對閱讀者來說愈熟悉的書，閱讀速度就會更快。總而言之，閱讀時請用**「平常讀完一本書所需時間的三分之一讀完整本」為基準**。

假設原本讀完一本書需要一個半小時，就得在三十分鐘內看完一本書。如果讀的是一

在平常閱讀時間的三分之一內讀完

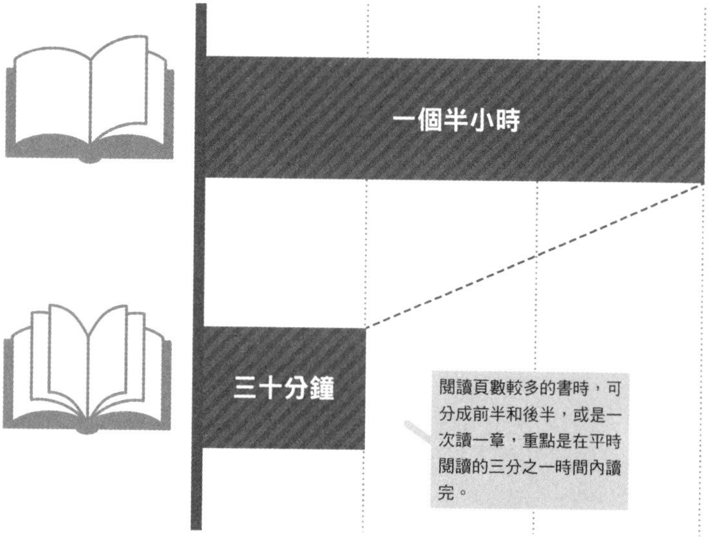
一個半小時
三十分鐘
閱讀頁數較多的書時，可分成前半和後半，或是一次讀一章，重點是在平時閱讀的三分之一時間內讀完。

原本讀完一本書需要一個半小時的人，
就在三十分鐘內看完一本書。

本超過三百頁的厚重書籍，即使想快速閱讀，讀到一半注意力很可能無法持續集中，這種時候，就把整本書分成前半和後半，分成兩次閱讀。甚至一次只讀一個章節也沒關係。

閱讀時，不用從第一章開始按照順序讀，找尋自己感興趣的章節，從那裡開始讀就可以了。

當然，如果能用比這更快的速度閱讀，就用自己最快的速度，不必拘泥於三分之一這個基準。

以一秒一行的速率看下去

想像不出具體來說究竟該讀多快的人，可以只看每一行的第一個字和最後一個字，用這樣的方式讀下去。

看完每一行第一個字和最後一個字的時間，以不到一秒為準。

以感覺來說，就像飛快掃描一樣。

這時或許會有人質疑「讀得這麼快，根本不知道書裡寫了什麼，也完全記不起來吧」。不過，這點不用擔心。

比方說，看這一頁的第一行時，看完第一個字「**這**」，在移動視線去看最後一個字「**來**」時，視線會從這兩個字中間的整行上面掃過，每個字都會映入眼簾。

換句話說，就算沒有刻意去「讀取」，寫在中間的文字還是會進入視野。

我在速讀教室指導學生時，也曾有學生懷疑「讀得這麼快，會不會完全看不懂」。然而，當他再次閱讀同一本書，尤其是讀前半本時，就會遇到讓他想起「啊、我記得書裡有這個」的內容。

即使沒有讀得特別快，只要一本書讀過兩、三次或好幾次，一般人一定都曾有過這樣的經驗。

就像這樣，即使覺得自己閱讀當下完全不記得書中的內容，下次再讀同一本書時，還是會有「記得看過這個」的印象。這是因為，速讀時這些內容已經進入腦中了。

以一秒一行的速率閱讀

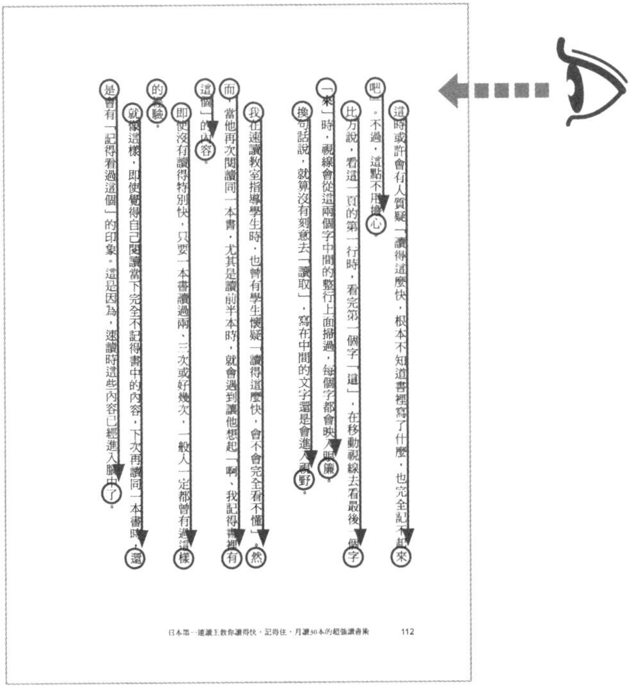
這時或許會有人質疑「讀得這麼快，根本不知道書裡寫了什麼，也完全記不起來吧」。不過，這點不用擔心。

比方說，看這一頁的第一行時，看完第一個字「這」，在移動視線去看最後一個字「來」時，視線會從這兩個字中間的整行上面掃過，每個字都會映入眼簾。

換句話說，就算沒有刻意去「讀取」，寫在中間的文字還是會進入視野。

我在速讀教室指導學生時，也曾有學生懷疑「讀得這麼快，會不會完全看不懂」。然而，當他再次閱讀同一本書，尤其是讀前半本時，就會遇到讓他想起「啊、我記得書裡有這個」的內容。

即使沒有讀得特別快，只要一本書讀過兩、三次或好幾次，一般人一定都曾有過這樣的經驗。

就像這樣，即使覺得自己閱讀當下完全不記得書中的內容，下次再讀同一本書時，還是曾有「記得看過這個」的印象。這是因為，速讀時這些內容已經進入腦中了。

日本第一速讀王教你讀得快，記得住，月讀30本的超強讀書術　112

看完一行的第一個字，
再去看最後一個字，
以一秒內讀完一行的速率讀下去。

要是與自己面臨的課題有關，或是自己感興趣的內容，即使很快讀過去，大腦也會下意識挑出相關的詞彙和文章，日後試圖回想時，一定想得起「書裡的某某部分寫了關於這個的事」。

或許有人不相信，但確實如此，只要曾一度映入眼簾的資訊，一定會進入腦中一次。但因為資訊情報會從進入腦中的那一刻開始逐漸忘記，所以人們容易感到「沒有進入腦中」。其實不是記不得，只是沒有把進入腦中的資訊情報拉出來而已。

因此，在我還常參加速讀檢定及速讀大賽時，就非常注重「在忘記之前讀完整本並寫下來（回答問題）」。

只要在映入眼簾的資訊情報變得無法從大腦中拉出來之前把問題回答完，就能繼續快速閱讀，留下更多正確答案了吧……我是這麼想的。

實際上，資訊情報在進入腦中的同時也開始逐漸遺忘，回答問題時並無法做到完美。但是，以結果來說，我還是達到能在速讀大會中獲得第一的水準。

不過說到底，就算能把所有映入眼簾的詞彙或文章完整寫出來，只要時間一久還是會忘記。

當時我還是上班族，在軟體業界工作，或許因為這個緣故，我總是認為「電腦能把全部內容記住，而且還比人腦記得更正確」，因此從未想過「要把速讀練到最高境界」。然而，現在我「活用」速讀到了最高境界，在真正的意義上提升了理解能力，拜此之賜，人生也朝更好的方向轉變。

言歸正傳，幼年時期或學生時代，把教科書內容完全記住這件事，或許還是有其價值的。

但是，一旦進入社會之後，不只沒有教科書，就算有可做為參考的書籍，也不會直接把問題的答案寫在裡面，因此，即使把書本內容全部背下來，也沒有任何價值可言。

首先，請把整本書看過一遍，讓所有內容進入腦中。至於如何拉出進入腦中的資訊情報，如何培養「想起看過的內容」的能力，後面的章節會繼續說明。

特別在意的地方先做記號，繼續往下讀

閱讀時遇到特別在意的文章或詞彙，差點停下來思考的時候，請不要因為這樣就停下來或回頭翻看前面的內容，光是能堅持繼續往下讀，就能達到相當程度的速讀效果了。

序章也曾提過，閱讀速度慢的人常見的問題正是停止閱讀，停下來思考，導致專注力無法維持到讀完一整本書。

有些時候，閱讀時遇到的疑問，只要繼續往下讀就能獲得解答，半途停下來思考反而浪費時間。發現自己有這個毛病的人，請以培養「一口氣讀到底」的習慣為優先。

等體會過「一口氣讀到底」的成就感，就會產生「想閱讀更多！」的意願，自然得到「想閱讀更多，就需要讀得更快」的結論，進入快速閱讀的狀態。

如果無論如何都放不下對書中某部分的疑惑，可以先貼上便利貼做記號，繼續往下讀到底。

在做這類記號的時候，請不要用折書頁或螢光筆劃線的方式。

為什麼說不要折書頁或用螢光筆劃線呢？這是因為日後重讀這本書時，如果書上有折頁痕跡或劃線，將很難避免視線特別注意這些地方。

閱讀之後發揮想像，實際付諸行動，累積更多經驗再回頭讀同一本書，理解力會比第一次閱讀時提高許多。第一次閱讀時不懂的地方看得懂了，也可能會發現第一次閱讀時沒有注意到的要點。

對自己而言，一本好書就是每一次閱讀，都能讀出符合當下自己需要的新靈感或新發現，幫助自己獲得新的觀點。但是，前一次閱讀時已經理解的內容，就算再重複讀十次，獲得的也只是一樣的共鳴。

只有發現從前閱讀時沒察覺的意義，才能從中掌握自我成長的機會。

自我成長前還沒發現的重點，當然不可能事先折書頁或劃線做記號。回頭看同一本書時，折書頁或劃線做記號的地方一定都是已經理解的內容。要是無論如何都習慣做這類記號的話，只好買兩本一樣的書了。

幫助切換速讀模式的眼球運動

第一章曾提到，為了改變過往「默誦」的閱讀習慣，可以利用刺激嗅覺或聽覺的方法切換為速讀模式等，調整周圍讀書環境。在此要介紹的，則是我自己實際上在閱讀時經常使用的「幫助切換速讀模式」的方法。

首先，**讀書時請盡可能把書本放在視線和地板平行的位置**。

尤其是很多習慣站著閱讀的人，如果低下頭看書，久了肩膀和脖子都會很容易累。

不過，不用過度追求平行，否則拿書的手臂也可能會痠。只要注意盡量不要彎下脖子低頭，把書拿在可以保持輕鬆姿勢的位置即可。

讀書時，想站著讀或坐著讀都可以。

有些人「站著讀比較能集中注意力」，但也有人「坐著讀比較容易專心」。每個人容易專注在閱讀上的姿勢不一樣，只要找到自己能專心閱讀的姿勢，就比較容易切換到速讀模式。

如果你是坐著讀的人，請不要靠在椅背上，屁股也不要坐得太後面。

不要彎腰駝背，但也不必挺直背脊。介於兩種姿勢之間，採取輕鬆自然的坐姿。

聽到「姿勢要正確」時，多數人想到的都是抬頭挺胸、背脊打直的姿勢吧。其實，人類脊椎在正常狀態下並非筆直，而是呈和緩的S形。

換句話說，強迫自己打直背脊，其實是很容易對身體造成負擔的姿勢，持續用這種姿勢閱讀，很快就會感到疲倦，整本書還沒讀完，人就失去專注力了。

因此，閱讀時不要勉強自己抬頭挺胸，也不要彎腰駝背，只要讓脊椎保持自然的S形，輕鬆坐在椅子上即可。訣竅是不要把注意力放在挺直背脊，而是立起骨盆。

此外，如果有多餘時間，也可以**做點眼球運動，刺激大腦活性化，在這樣的狀態下開始閱讀，將更容易進入速讀模式**。

因為要轉動眼球，開始前請先將直接接觸眼睛的隱形眼鏡拿下來。

首先，豎起雙手拇指，雙臂筆直往前伸。保持脖子不動，以零點五秒的間隔交互注視雙手拇指三十秒左右。

接著豎起雙手食指，一隻手往前伸直，讓食指遠離視線，一隻手靠近自己，讓食指接近眼睛。每隔零點五秒交互注視雙手食指三十秒左右。

最後，將任一手食指拿到眼前，用十秒時間畫一個和臉差不多大小的圓，此時視線聚焦在手指上，跟著食指移動。

注意保持脖子不動的姿勢，往左畫一個圓，再往右畫一個圓，這樣算一次。總共畫兩次。

如上所述，一邊盡量在自然的姿勢下保持輕鬆狀態，一邊培養速讀習慣。如此一來，往後只要一做出這個姿勢，身體自然就會切換為速讀模式。

切換為速讀模式的方法

1 交互注視
雙手拇指三十秒。

2 交互注視
雙手食指三十秒。

3 用十秒時間畫一個
跟臉差不多大的圓，
眼睛跟著食指移動。

做眼球運動，刺激大腦活性化，
有助於進入快速閱讀狀態。

比起「自我滿足」，應以「自我成長」為優先

挑戰自己不熟悉的領域時，一開始請先閱讀程度簡單的書就好。

挑戰看似艱澀的書，確實很有「努力用功」的感覺，但多數時候，這麼做獲得的只是自我滿足感，重要的知識或資訊情報幾乎沒有增加。

最重要的知識無法獲得的原因之一，是因為注意力都被書中的背景知識分散了。

舉例來說，閱讀一本講人際關係與主管帶人方法的商業書《卡內基溝通與人際關係》（*How to Win Friends and Influence People*）。

這本書的內容確實非常切中本質，但作者是美國人，其中舉的多半是以美式做法為基準的例子。不熟悉美式基準的人讀來，和熟悉美式基準的人讀來感覺就會大大不同。

後來有人把這本書改編為漫畫，其中舉的例子都換成以日本一般上班族會遇到的環境為基準。由於內容背景更貼近日本的日常生活狀況，讀來更容易發揮想像力，換句話說，

比原版更好讀。

對社會人士來說，**讀書的目的是為了解決當前面臨的問題，促進自我成長**。書籍本身的難度與是否達到讀書目的無關，並不是讀愈難的書，就代表愈能幫助自己解決問題或自我成長。

就算讀的不是原版，漫畫版的內容依然保留了原版的本質，一樣能幫助讀者解決問題，促進自我成長。

再舉一個例子，《失敗學的啟發》（暫譯，失敗学のすすめ）這本書中，有以下這段文章：

「如果想從失敗經驗中理解一件事的本質並化為自己的知識，只需要一點自己的經驗和幾種別人的典型失敗經驗就夠了。」

企業的經營者或成功意識強烈的職場工作者，或許會對這本書感興趣，在書店裡拿起這本書。但是，對這類事情完全沒興趣的人，大概就不會拿起這本書了。

不過，前面提過的《看見價值》書中也有這麼一段內容：

「人們都想從經驗中記取教訓，如果可以的話，沒有比可以從別人的經驗中學到教訓更好的事。」

簡單來說，這段話想表達：重要的是從他人的失敗經驗中記取教訓，盡可能不讓自己朝同樣失敗的方向走去，和剛才那本《失敗學的啟發》本質上說的是同樣的事。對投資或買賣交易有興趣的人，如果能從這本書中學到這點，也是很好的一件事。

我想說的是，**閱讀的目的充其量只是為了提升自己，選擇書籍時，請優先選擇最適合當下自己的書。**

善用工具，降低「看起來很難」的門檻

就「打造便於速讀的環境」這層意義來說，不妨善用前面提到的可用來訓練「一看就懂」的電子書。

直接掃描成圖檔的電子書雖然無法做到，但現在的電子書已有很多能改變字體大小，只要善用這類電子書，就能將文字設定為適合自己快速閱讀的大小。

特別是頁數多又厚重，看著就令人提不起勁來讀的紙本書。閱讀這類書籍時，只要換成電子書，就能降低不少心理上「覺得很難」的門檻。

整體而言，將文字尺寸設定得比一般大一點，就會給人容易快速閱讀的印象，因此，不妨將文字大小設定得比初期設定大一點再開始讀。

不過，若使用的是iPad等平板電腦，螢幕上一次呈現的字數可能太少，閱讀電子書的時候，還是用電腦螢幕比較理想。

拉出腦中殘餘內容的「一秒喚醒」

把整本書看過一遍後，接下來要做的是回想「書中寫了什麼？」，把留在腦中的內容拉出來。

閱讀時最理想的速度，是要快到連拉出留在腦中的內容時，都還得想一下「書裡寫了什麼來著……？」

如果讀完之後，你的狀態是「某種程度大概能想得出書裡寫了什麼」，就代表閱讀時的速度還可以再快一點。

這個階段有如下三個重點。請一邊留意這些重點一邊進行。

①「死命」拉出裝入腦中的資訊，鍛鍊喚醒記憶的能力。

②寫在紙上，引發喚醒記憶的能力。

③想起「已經知道的內容」時，正是成長的機會。

「死命」拉出裝入腦中的資訊，鍛鍊喚醒記憶的能力

在快速閱讀一遍之後，即使自己覺得「什麼都想不出來」，其實只要努力回想，還是可以想出書中的某些內容，比方說「對了，前半段好像寫了關於○○的事……」或「雖然不是書中的內容，但還記得閱讀的當下腦中瞬間閃過某件事，咦？是什麼啊……」像這樣

鍛鍊「想出內容」的能力

想不起來時，堅持思索超過五分鐘，至少想出三件事。

只要拚命回想，就能訓練自己想出映入眼簾但沒有刻意去記的文章內容。

慢慢浮現某些印象，而這些印象都能成為想起書中內容的線索。

透過這樣的拚命回想，就能訓練自己想出速讀過程中曾映入眼簾，但沒有刻意去記的內容。

訓練「想出內容的能力」，能幫助我們將模稜兩可的記憶重新組合，想起某些線索，再憑著這些線索想出相關的內容。只要將這份記憶與自己周遭環境及過去經驗整合起來，或許就能找到現在的自己解決問題時所需的新靈感或新發現。

因此，即使自己覺得「想不出來」，也不要馬上回頭翻書，就當作是在訓練「想出內容的能力」，請**至少堅持思索一分鐘，如果可以的話最好堅持五分鐘，並想出至少三件事**。只要能寫出三件事，就能再從這三點延伸出去，想出更多內容。想出的內容再成為線索，又能增加更多記憶。

只是反過來說，當想起的內容愈來愈多時，很有可能陷入一心想記起書中內容的狀態。所以，也不要太沉迷於訓練「想起的能力」，最多堅持十到十五分鐘，就要準備繼續下一個步驟了。

寫在紙上，引發喚醒記憶的能力

回想書本內容時，請把想到的東西寫在紙上。

眼睛看著寫下來的內容，就能再想起與這些內容相關的其他內容，增加更多記憶。

據說，人在兒童時代記憶事物時用的是機械式的死背法，長大成人之後，大腦就不會再硬記死背，而是**改成找出與內容相關的事物並記下來的方法**。

舉例來說，在書中看到一段描述「限制提款之歷史」的文章。

「二次大戰後不久的日本或二〇一三年歐盟的賽普勒斯都曾實施過限制提款」。像這樣的內容，就算硬記死背，日後要再回想起來也很難。

但是，如果從限制提款這件事聯想到「提款機有一日提領的上限額度」，導致明明是自己的錢，卻因超過額度而無法自由提領的事，日後只要看到「提款機」這個詞彙，就會想起歷史上曾有過限制提款的事了。

有時，只要看著已經想起的一部分內容，就能連帶想起寫在前後的相關詞彙及文章。

看著這些內容，或許會產生新的想法，再透過這些想法，促成有助於自我成長的行動。

當然也可以只在腦中對已想起來的文章內容發揮想像，藉此想出與內容相關的事物。但是，若能將想出的內容寫下來，將更能提高想起相關內容的可能性，所以，請把回想起的內容寫在紙上。

還有，一想到什麼就要立刻寫出來。

這是因為，腦中忽然想起什麼時，很容易再接二連三聯想起其他的事物，瞬間閃過的念頭也很可能瞬間遺忘。所以，當一有「想出來了！」的念頭時，請在一秒內採取行動，立刻寫下想到的東西。就是要用差不多這麼快的速度，把想出來的內容寫下來。

把想出來的內容寫下來時，不用拘泥於文字。有時可能只是個模糊印象，無法化成具體文字。這種時候，只是把模糊的印象畫成圖示或流程圖也可以。

如果參加了必須把記住的內容原原本本寫下來的記述測驗，當然就得以文章方式寫成，但是大多數時候，考慮到社會人士閱讀的目的，閱讀後的產出未必要以文字呈現，付諸行動才是最重要的。

因此，反芻書中內容時，勉強寫成修辭華麗的文章也沒有意義。

以付諸行動的方式產出書中內容的方式，將會在第四章詳述。總而言之，寫下來時不用拘泥任何格式，只要在紙上自由發揮即可。

我也看過有人用電腦打字的方式寫下想出的內容。但是，和打字比起來，用手寫更能刺激大腦處理言語詞彙的區域。**為了提高喚醒記憶的能力，請用手寫的方式寫下**想起的內容吧。

有時，在想起書中內容前，腦中更快浮現的是閱讀當下「置入自己周遭狀況」後想到的內容。

舉例來說，有個苦於時間不夠用的人，讀了一篇「同時進行多件事」的文章。

提高喚醒記憶的能力

1 寫成文字

提款機

2 畫成圖示

3 用流程圖的方式呈現

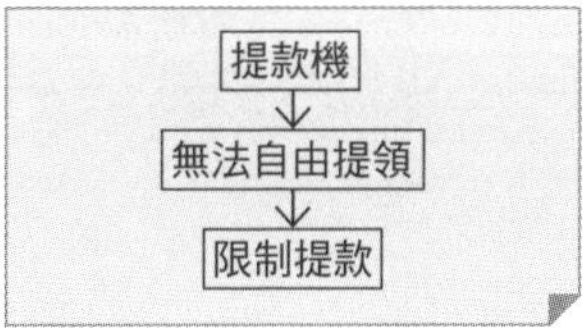

**只要看著已經想起的一部分內容，
就能連帶想起寫在前後的相關詞彙及文章。**

在回想文章內容時，他想到的是「只要拜託A幫忙處理手頭上工作中製作簡報的部分和調查統計數據的部分，就能把工作全部做完了」，或「整體情節的鋪陳無法假手他人，只能自己處理」等等，對照自己當下的狀況，做出解決眼前問題的想像。

也就是說，與其原封不動寫下書中內容，請把所有站在自己角度想到的事都寫下來。

想起「已經知道的內容」時，正是成長的機會

試圖想起讀過的書本內容時，請注意，感想不能停留在「全都是早已知道的內容」就結束。

如果是去書店買書，因為某種程度可以翻看內容，或許比較不會有這種情形。

然而，閱讀透過網路買回來的書、聽別人推薦就買下的書或是讀別人給的書時，當然很可能讀到「早就知道了」的內容。

這表示你已經擁有比別人更豐富的知識。

產生這種想法時，請配合那些早已知道的內容，回顧自己過往的經驗，再把想到的事情寫下來。

比方說，對徒有知識卻沒有付諸行動的反省，或是付諸行動後又遇到的其他問題等等，把所有想得到的事都盡量寫下來。

對於這些早已知道的內容，現在的自己和第一次讀到這些內容時相比，已經處於累積了更多經驗的狀態，第一次讀到時覺得不怎麼重要的內容，現在也可能察覺其中的重要性。

試著想想自己是否比第一次讀到那些內容時多了更深入的理解，或者對照自己的經驗，嘗試用自己的言語詞彙說明看看。

不是去想「浪費時間讀了早就知道的東西」，**而是從客觀的角度回顧早已知道這些事的自己，從中獲得新發現、新線索，如此一來，或許能帶來更多的自我成長。**

看到「早已知道的內容」時的反應

除了「早就知道了」之外沒有其他感想的人

覺得自己浪費時間讀了
早就知道的東西。

懂得促進自我成長的人

客觀回顧過去，從中獲
取新發現、新線索。

**即使是早就看過的內容，
重要的是，是否從中獲取新發現，
發揮想像力，促進自我成長更上一層樓。**

無論是第一次看到的內容，還是早就看過的內容，重要的是能否從中獲取新發現、新線索，發揮有助於付諸行動的想像力，促進自我成長。

如果讀到的是早就知道的內容，豈不是更能游刃有餘地嘗試置入當下自己的狀況，思考應用的方法嗎？

不要只認為「那些內容早就知道了」就停止思考，讓早就看過的內容成為提升自我的轉機吧。

搜尋模糊的印象，並進行確認的「一秒搜尋」

把所有想得到的內容都寫出來了，或是雖然沒有寫下來，但也花了十到十五分鐘思考到再也想不出來之後，接下來要做的，就是確認回想過程中特別在意的地方。

比方說，寫下來的時候「只記得書的前半段好像有特別感興趣的內容，但是到底是什麼卻想不起來……」等只有模糊印象的地方。為了釐清這些模糊的印象，就要一一找出那是在書中的什麼地方，確定內容到底是什麼。

在「一秒閱讀」的階段貼了便利貼做記號的人，這時也可以從貼了便利貼的那幾頁開始找，不過，請記得確認時要盡可能快速。

不是重讀一次，而是像搜尋關鍵字一樣「看」

不是重讀一次，而是像上網搜尋關鍵字一樣，找出有模糊印象的段落或內容。

比方說，各位大概都曾有過這樣的經驗。準備考試或考執照前做考古題或問題集時，寫著寫著忽然發現「這一題，之前應該有寫過，怎麼想不起來？」

這種時候，為了想出答案，就會回頭去看參考書，一邊想著「記得上次查這題的答案時，應該是在○○章節附近找到答案的……」，像這樣搜尋可能的頁面，或是從書末的索引找尋想要的資訊可能在哪個章節。

運用相同的要領，從「沒記錯的話應該寫在○○地方，就是想不起來」的模糊印象，從可能寫有想要內容的書頁開始搜尋，或是盡可能寫下已經想出來的詞彙，以此為線索查詢索引或目次，進而找到相關頁面。

找到想找的段落後，就用普通速度閱讀這個段落前後的文章。這時不用刻意快速閱讀也沒關係。

找到這些在意的內容後，可以拿來和回想時寫下來的內容做比較，有時會產生新的發現和靈感。所以，請把想到的內容都寫下來。

「**找出在意但只有模糊印象的內容⟷想到什麼就寫下來**」，請這樣反覆進行幾次。

在這個階段，不能只把有模糊印象的段落找出來就結束，因此，查找的過程請盡可能快速。

不是有一種快速翻頁達到動畫效果的漫畫嗎？幾乎得用和那一樣的翻頁速度查找內容，翻頁時不「閱讀」，而是帶著「搜尋」的念頭，能快一秒就是一秒。

同時，在反覆執行這個步驟的過程中，如果遇到「確認的內容，剛才看過就忘了」，請立刻再找出來一次。速度之所以必須盡量快，也是為了要確保足夠反覆查找的時間。

反覆確認幾次，找到想找的文章或段落後，用普通的速度閱讀也沒問題。不過，整個「一秒搜尋」的階段最長也不要超過十五分鐘，請一邊留意這一點一邊執行。

重要的是把只有模糊印象的內容找出來，讓記憶變得更明確。因此，在記憶隨著時間流逝而再度模糊前，必須反覆確認。

反覆搜尋、確認的過程中，也可能冒出新的想法，想要寫下來，所以這個階段設定了比較長的十五分鐘。即使如此，整體所用的時間還是愈短愈好。

不必等確定閱讀的目的後才讀

可能有人會想，「一開始就抱著明確的目的閱讀，效率不是比較好嗎？」確實，也有這種速讀方式。

只是我個人認為，**讀書之前沒有必要設定明確的目的**。真要說的話，如果有確定想找的內容或明確的閱讀目的，只要上網搜尋就能得到那方面的資訊，甚至可以用比閱讀更快的速度獲得相關情報，在短時間內集中吸收。

過去網路還不普及的年代，查找資料主要還是得依靠書本，但是到了現在，靠看書找尋特定資訊是很沒有效率的事。

如果讀的是電子書，至少還可以用已確定的詞彙搜尋想找的內容，只要挑出與關鍵字有關的幾頁來讀就可以了。我甚至認為「沒有必要讀完整本電子書」。

但是，閱讀的目的不只是如此。**閱讀為的不只是獲得知識，最重要的是從中發揮想像，進一步做出讓自己進化的行動**。既然如此，進化之前的自己在還沒閱讀前，也就不可能先想到該搜尋哪個明確的關鍵字。

雖然我過去也曾嘗試過抱著明確目的閱讀的方法，但是，為了在閱讀前找到明確的目的就花了不少時間，還沒開始閱讀已感到受挫。

在網際網路如此普及的現代，讀書的意義反而應該是「透過閱讀發現自己該知道什麼才好」。

舉例來說，一個煩惱錢不夠用的人打算閱讀《富爸爸，窮爸爸》（*Rich Dad, Poor Dad*）這本書。這時，如果他先設定了「想知道怎麼賺錢」的明確目標，只讀符合這個目的的內容，恐怕最後留在腦中的知識只有購買不動產，增加非勞動所得的部分。

然而，若當初閱讀時就不抱持明確目的，只是帶著「錢不夠用」的煩惱閱讀，那麼不光只是「透過購買不動產增加收入」的內容，應該也會注意到「買房買車增加了支出」的內容。

打算買車時，他就會想起書中寫到「買車等於負債」的段落，假使買的只是一般汽車，增加的只有支出，除非買的是法拉利，車的價值才不會下跌，某些珍貴的車種甚至還有增值的空間。此時，從閱讀中獲得的是「買車不一定等於負債」的觀點。

如果一開始就只想增加收入，閱讀時可能很難獲得上述觀點。透過不帶特定目的的閱讀而擁有這種觀點後，也才發現真正該學的不是「怎麼賺錢」，而是「怎麼用錢」。

因此，開始閱讀時不要抱持特定目的，先把整本書看過一遍，透過書本獲得「模擬體驗」。

前述「比起『自我滿足』，應以『自我成長』為優先」的章節中，曾引用《失敗學的啟發》和《看見價值》的內容，提及從別人的失敗經驗中記取教訓，避免重蹈覆轍的重要。最容易以「模擬體驗」方式汲取別人失敗經驗教訓的，正是閱讀。

比較從閱讀中獲得的模擬體驗與自身經驗，從而察覺自己「現在該知道的是什麼」，將能更深刻廣泛地理解書本的內容。

至少得出一個靈感的「一秒想像」

目前為止的階段都結束之後，隔天請再讀一次同一本書。

因為是前一天讀過的書，沒必要每一篇文章都細讀，只要抱著確認自己讀過什麼內容的感覺，快速瀏覽就可以了。

如果前一天讀的內容中，有什麼比較在意的，或是貼了便利貼做記號的地方，這些地方可以花一點時間慢慢讀，除此之外的內容還是要保持一定速度。像這樣有快有慢也沒關係。

盡可能快速讀完整本、訓練「想起內容的能力」，以及把印象模糊的地方找出來確定，以上這些步驟請在前一天晚上睡前完成，隔天早上利用通勤時間再重讀一次。

為什麼隔天重讀的效率比較高呢？這和大腦的特徵有關。

這是一種稱為「懷舊」的現象，懷舊現象的特徵是：比起剛記住某件事時，隔一段時間之後更容易回想起來。

據說懷舊現象和睡眠有很大的關係。關於睡眠，科學還有許多無法解釋的地方，但目前已知睡眠中大腦仍在運作，可能是整理當天裝入腦中的各種資訊情報，使其成為腦中的記憶。

因此，利用入睡前的時間把一本書讀一到兩次，完成「寫出內容」、「搜尋」和「確認」的過程最為理想。

因為是睡前讀過一次，已裝進腦中的內容，隔天再回頭讀時，大腦處於容易想起這些

減輕想出內容時的負擔

1 睡前讀一到兩次

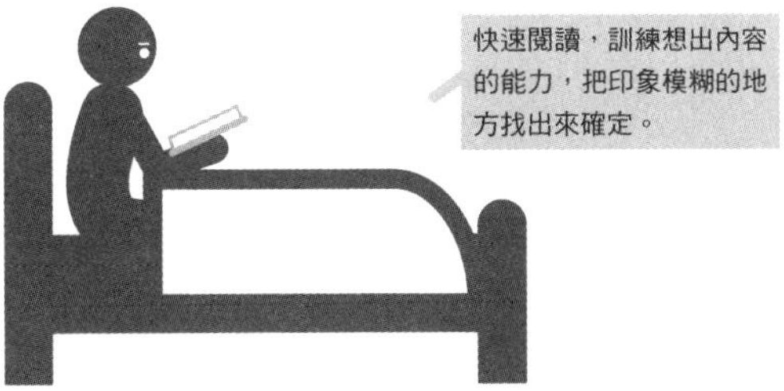
快速閱讀，訓練想出內容的能力，把印象模糊的地方找出來確定。

2 隔天重讀一次

在大腦容易想出內容的狀態下閱讀。

請切實執行睡前讀兩次，
隔天早上起來再讀一次的方式。

內容的狀態。因此，請務必養成在睡前讀書的習慣。

如能養成每天睡前讀一本書，利用隔天通勤時間重讀一次的習慣，一年算下來就能讀完將近兩百五十本。

再加上總共讀三次及反覆閱讀的作用，就能減輕想出內容時的負擔。

雖然內容會隨著時間的經過逐漸忘記，只要在忘記之前反覆閱讀與確認，就能在容易想起的狀態下繼續讀下去。因此，請切實執行**睡前讀兩次，隔天早上起來再讀一次的方式**。

用從書中得到的靈感改變行動

在容易想起書中內容的狀態下閱讀同一本書，除了提高對內容的記憶度外，利用這個狀態，也能找到更多促進自己成長的新靈感和新發現。

當然，這時閃現的靈感可能發生在不到一秒的瞬間，有時可能因書中的一句話而產生，有時也可能和自己寫下的內容或腦中的想像起化學反應而產生。無論如何，比起百分之百背誦書本內容，不如獲得這一閃而過的靈感，對社會人士來說，才是在真正的意義上活用了書本的知識。

舉例而言，讀羽生善治的《決斷力》時，看到其中有一段主旨為「比起獲取多少資訊情報，更重要的是能捨棄多少資訊情報」的文章。

由於投資相關的書也經常可見類似內容，第一次讀到這段文章時，我並沒有特別察覺什麼。但是，過了一段時間後，再次重讀那段話，腦中忽然冒出「將資訊換成物品會怎樣？」的念頭。

這麼一來，腦中就想像出持有太多物品（＝充斥太多資訊情報），無法好好管理物品的狀態（＝被資訊牽著走的狀態），開始察覺「管理物品也需要時間」。

這時，我忽然靈光一閃，領悟到比起金錢成本，買東西前反而該計算管理物品的時間成本，才能在忙碌生活中有效率地運用時間。

現在極簡主義已經很普遍，但當時（二〇一一年左右）這種概念還不是那麼普及，我自己對斷捨離也沒有太大興趣。只是，藉由這次閱讀獲得的靈感，我在購買東西時，比起金錢價值，會更優先考慮管理物品需要耗費的時間成本，也開始積極清理手頭不符合時間成本效益的物品，原本用來管理物品的時間空下來，又可以再投入閱讀。

一旦產生新觀點或新靈感，就會感到好奇有興趣

後來我獨立創業，一次正好有機會參加Calbee前董事長兼CEO松本晃先生的研習講座，聽到他說「手邊完全不留下與工作無關的資產」，無論價值多少，把名畫、高爾夫球場會員證等物品都清理掉了的事。

得知一流商務人士正在實踐我曾經一閃而過的想法，使我更肯定了自己想的沒有錯，抱著高興的心情聽完了那場講座。

產生至今從未有過的新觀點或新靈感時，人都會對這些想法感興趣或湧現好奇心。一旦抱持了興趣，自然會產生「想試試看」、「想知道更多」的念頭，成為付諸行動的原動力。請把這樣的原動力用在「書×環境×經驗」的算式上，改變身邊的環境，累積更多經驗吧。

下一章，將具體說明如何提高環境與經驗的價值。

第四章

將書本價值最大化，改變自身技能

拿寫下來的內容當作話題

第三章中說明了如何創造做為行動指南的想像。接下來，就要試著將這些想像變成提升自我的血肉。

實際使用進入腦中的知識與情報，就能讓知識情報成為自己的技能。不過，在閱讀的階段，只要能先做出將自己的狀況置入書中的想像就行了。

這種時候，**不妨先把從書中獲得的知識告訴別人**。

當必須從自己口中對人說明時，獨自閱讀的當下不曾抱持疑問的地方，有時也會突然產生疑問。

或者，聽你說明的對象可能也會提出問題。

這些疑惑之處，就是閱讀時以為自己已經懂了，其實沒有真正理解的部分。

靠自己很難察覺那些以為自己已經理解，實際上卻沒有真正理解的事，只要能把這些過去沒有真正理解的事弄清楚，就能確實獲得成長。

因此，如果讀過的書中有這樣的地方，請再度確認內容，如此一來，將能獲得更深入的理解。

找人說話的「分享閱讀術」

讀完一本關於記憶的書之後，就找人聊聊「最近健忘的症頭愈來愈嚴重……你有沒有什麼好對策？」

若對方提出的建議是書中已有的內容，就當作是反覆學習的機會，如果對方提出書中沒有的內容，則更能藉此拓展知識範圍。

或者，當對方回答「不，我也沒什麼好對策」時，只要將自己閱讀後進入腦中的知識告訴對方就行了。

就像這樣，在拿書中內容與人交談的狀態下，對方說的話很可能幫助自己發現閱讀當下沒察覺到的重要部分。

前面提過的《富爸爸，窮爸爸》這本書，是我在為金錢所苦的時期，經朋友介紹才第一次讀到的書。

可是，當時我的理解能力還很差，對書中提到的「用錢賺錢，增加收入」的內容，只看得懂「賺錢」的部分。

然而，在我認識了指導投資的老師之後，透過老師的人脈，得到和許多擅長投資的人士交談的機會。只要一提到金錢的話題，比起如何賺更多錢，大家的話題幾乎都與稅務相關。

第一次和投資老師面談時，除了開書單給我之外，老師還向我強調了開始賺錢之前，先找一個好稅務師的重要性。反而沒有提到太多關於賺錢或增加收入的事。

由於必讀書單中也有這本《富爸爸，窮爸爸》，雖然是已經讀過的書，我還是拿出來重讀了一次。

於是，這次我自然而然注意到寫著「就像專業體育團隊需要很多優秀的教練，賺錢這件事也需要優秀教練」的地方。

優秀的律師、會計師、稅務師……書中清楚寫明聘請這些「專業教練」的重要性，但我第一次讀這本書時，只認為「那些事等賺到錢再說」，認為那一點也不重要。

如上所述，光靠自己思考時無法察覺的重點，有時會在與別人的對話中浮現，提醒自己改變想法。對我來說，這是非常重要的經驗。

加入對方的客觀視線，有時就能讓我們獲得有助自我成長的新發現或新機會。抱持著與身旁重要夥伴分享閱讀內容的心情，盡量對別人說吧。

沒有說話對象時的「配對閱讀術」

如果沒有說話對象，那就去參加研習講座或學新東西，找個自己有興趣的領域，打造與人交談的環境。

當然，大家都是來學習自己感興趣的東西，其他人一定也對一樣的東西感興趣。

如果參加的是研習講座等交流會，則能和秉持相同目標的夥伴切磋交流，更容易找到可以毫不保留針對興趣交談的對象。

尤其當閱讀是以學習什麼為目的時，去外面報名學習同樣的東西，更能將讀書的效果發揮到最大極限。

認識抱持相同目標學習的夥伴還有一個好處，那就是能打造一個維持高度學習意願的環境。此外，報名學習什麼，就表示某種程度能在一段時間內持續待在那個環境中。

就這層意義來說，獲得了強制持續學習的環境，包括閱讀在內，自然就能養成做這件事的習慣。

現在的時代，光是讀書就能獲得充分的知識與資訊。

去報名學習什麼不光只是為了獲得知識，而是要在那裡把透過閱讀得到的知識轉化為自己技能的提升，這樣就能把閱讀和學習的優點各自發揮到極致。

交談閱讀術

找人交談的「分享閱讀術」

光靠自己思考時無法察覺的重點，
有時會在與別人對話時浮現。

沒有交談對象時的「配對閱讀術」

去參加研習講座或報名學習什麼，
創造一個與對同樣事物感興趣的人交談的環境。

為了將閱讀獲得的知識
轉化為自己技能的提升，
「與人對話」是必備的要素。

將寫下來的內容分享在部落格或社群網站

前一節說明了如何透過與人對話，改變環境，讓進入腦中的知識轉化為屬於自己的技能。除了與人交談之外，以閱讀後寫下來的內容做為素材，發表在部落格、社群網站或發行電子報，也有很好的效果。

尤其是部落格和電子報，原本就只是拿來寫自己喜歡的事，不必和別人雙向溝通，也不需要跟誰面對面說話。

寫下比較「自我現狀」與「虛擬體驗」的「虛擬閱讀術」

把閱讀後寫下的內容，用自己的文字改寫成文章時，頭腦的運轉方式和與人交談時一樣，必須把讀過的內容結合自己的經驗思考，寫成他人得以理解的說明。

舉例來說，一本關於腹式呼吸健康法的書，如果想讓讀者輕易理解內容，或許會用插畫的方式圖解。

然而，要在部落格上寫出關於這本書的內容時，卻只能用文字表達。

這麼一來，當自己非用文字說明內容不可時，產生了類似「腹部是指肚臍周圍嗎？還是下腹部？」的疑問，這才發現原來自己在看插圖時只是憑感覺理解。

這種憑感覺理解的部分並不限於插圖，就像閱讀文章時讀取字裡行間的言外之意一樣，注意到這些憑感覺理解的部分，就能獲得更深入的理解。

把讀一本書前的自己，和讀完並付諸行動之後的自己分別寫下來比較，效果也很好。

比方說，看了一本關於管理行事曆手冊的書，發現「行事曆手冊其實用百圓商店賣的就夠了」，於是實際上買了一本百圓行事曆手冊試用，再把使用前的自己和使用後的自己寫下來做比較。

比較之下，將會得出自己的結論：「以前用的是有真皮封面的活頁手冊，總是小心翼翼怕弄髒，結果使用次數減少，無法好好活用行事曆手冊。」

前一節提過「可以參加講座研習或報名學東西，創造與人交談的環境」，寫部落格時只要開放留言欄，對內容有興趣的人看到部落格內容，就可以在底下留言或反饋意見，就算沒有出門參加講座研習或報名學東西，還是可以擁有與人交流的環境。

即使沒有當面交談，光是認識和自己對同樣事物感興趣的同伴，就會令人更有幹勁。

無論如何，請記得在寫成文章產出時，和過往經驗或周圍環境做比較，把其中的關聯寫下來，這樣就能更加活絡思考，得到深入的理解。

採取行動的「行動閱讀術」

反覆在部落格、社群網站或電子報上寫下文章，寫文章的功力也會慢慢提升。和在電腦或手機上打字作筆記給自己看不同，一想到「或許會有人看到」，自然就會採取跟第三者說話般的方式寫文章。

即使是閱讀當下認為已經牢牢記住的內容，換成要用自己的言語詞彙表達並寫成文章時，閱讀時只是含混理解的部分就會清楚浮現。

為了把這些模糊的印象找出來搞懂真正的意思，就要站在作者的角度把書重讀一次，這麼做會得到比第一次閱讀時更深入的理解。

如此寫下來的內容，進而被對同樣的書感興趣的人讀到，留下「你寫的清楚易懂！」或「很值得參考」的留言，得知自己的文章也能對別人有幫助，就會更有動力閱讀學習。能把說明的文章寫得讓別人清楚易懂，就代表你對書本內容已有正確深入的理解。

在我的速讀教室，有一位學生從事網頁製作的工作，他一邊實踐第三章提到的閱讀方法，一邊嘗試將閱讀後留在腦中的內容用網路文章的方式產出。其他同學三個月中大概能寫下十篇左右的文章，他卻一個月就發表了一百篇網路文章。

原來他在將閱讀過的內容寫下來時，試著回顧了過去的自己，並與現在的自己比較，在把過程中獲得的新發現寫下來時，發揮了驚人的產出力。

他說原本學速讀的目的並不是為了提高產出文章的能力，不過「誤打誤撞獲得了這份能力也很開心」。

小學參加遠足，老師經常說「直到平安回家才算圓滿」，閱讀也一樣，**「直到付諸行動才算圓滿」**。

在這個網路普及，免費知識要多少有多少的時代，會願意掏錢出來買的書，對自己而言一定有某種特殊的意義。請記得，閱讀這件事「不是把書讀完就好」，「直到把內容寫下來才算圓滿」。

寫下來的讀書術

寫下比較的「虛擬閱讀術」

與過往經驗或周遭環境比較，
把其中的關聯寫下來，就能更加活絡思考，
得到深入的理解。

採取行動的「行動閱讀術」

反覆在部落格、社群網站或電子報上寫下文章，
自然就會採取跟第三者說話般的方式書寫。

為了將閱讀獲得的知識
轉化為自己技能的提升，
「書寫」是必備的要素。

做個實驗，實地走訪

第三章中提到，讀完書後，在寫下書本內容時，可以先模擬設想自己會如何行動。到了這個階段，就要真正付諸行動了。

腦中如果已經對行動內容有所想像，那就不是「百聞不如一見」，而是「百讀不如一見」了。

讀任何領域的書都一樣，為了提升自己的環境與經驗，**抱著「總之先試試看」的心情**

實踐書中寫的內容，這麼做就對了。

舉例來說，假設讀了一本教人從○○圓開始運用資產的書，那就實際試著照書中教的做法運用看看。

要是覺得貿然投入資金很恐怖，可以開個模擬帳戶，「假裝實際運用」也可以。

一旦置身於實際運作投資的環境，一方面能證實閱讀當下的某些想像無誤，一方面也會發現現實和自己的理解有部分落差。

針對這些感到落差的部分，回頭重讀確認內容，有時可以獲得與第一次閱讀時不同的理解，有時也會發現「原本以為作者沒考慮到的事，其實也有好好寫出來嘛」。這些感想都能幫助自己獲得更深入的理解。

實踐的時候如果能完全按照書中內容當然最好，不過，只做能力所及範圍內的事也沒關係，重要的是前往書中描述的第一線，親自置身其中。

前往書中舞台的「探索閱讀術」

如果無法順利把自己身處的狀況置入書中想像，不妨到書中寫的地方走一趟吧。

舉例來說，讀了《沒經驗的新人，也能成為100分員工：90%都是工讀生，為什麼還能成功？迪士尼「征服人心」的領導學》後，直接去迪士尼樂園看看吧。

在這本書中，針對員工聘僱方式進行比較時，提到了麗思卡爾頓酒店對旅客服務的高水準，所以，也可以去麗思卡爾頓酒店住住看。

就算不是入住，只是去麗思卡爾頓酒店的咖啡廳喝杯咖啡也可以，重要的是實地感受那裡的服務水準。

讀了關於某處服務水準的內容後，實際去當地走一遭，把注意力放在工作人員的待客品質和服務水準上，會發現只有閱讀沒有實地走訪時沒能察覺的部分。

就像這樣，實地走訪時的感受和只有閱讀時描繪的想像不同，原本只能將文字轉換為想像，實地走訪後，就能更加拓展想像的空間，反過來提高對文字的理解度。

嘗試與作者見面的「出擊閱讀術」

直接去見作者，聽作者說話也是一個好方法。

因為這麼做，可以直接確認作者想表達的想法和自己的理解是否相符。

不必一對一見面也沒關係，只要參加作者舉辦的講座或讀書會、演講等活動，聽作者說話就夠了。

當然，每位作者在寫書時一定都是非常慎重，希望能百分之百將自己的想法透過書中內容傳達給讀者。只是書本有頁數的限制，而且老實說，每個人都有可能下意識做出某些自己難以察覺的事，作者也一樣。

包括寫在書中的內容在內，直接聽作者說話，一方面能夠確認自己對內容的理解與作者想表達的是否有落差，一方面可以確認作者是否在書中下意識傳達了哪些自己也沒察覺的內容，比起單純閱讀，又能增加更深入的理解。

找出書本內容與自己之間落差的「說明書閱讀術」

第三章介紹過，將閱讀內容想出來並寫下時，如果能用自己的詞彙，置入自己身處狀況寫下的話，就可以按照寫下的內容執行看看。

如果無法針對自己身處的狀況做出想像，直接執行書中內容也是一個方法。

比方說，讀了一段關於如何設定目標的文章，裡面寫著「重要的是只鎖定一個目標」，讀到這裡時，自己的想法是「手上同時有幾個計畫在跑，每個計畫都鎖定一個目標吧」。

於是，根據這個想法設定了目標，但是實際執行起來卻和自己想像的不一樣，這時，乾脆完全按照書中說的，不是按照計畫各自鎖定目標，而是落實真的只鎖定一個目標的做法。

如此一來，透過實際的經驗，體驗了第一次閱讀時自己想像不到的狀況，親身理解了自己的想法與書本內容的差異。並且，在分別實踐過兩種方法後，又累積了從前沒有的新體驗。

累積了新的經驗後，腦中再次出現新的想法：「書中難道沒有寫到和自己的狀況一樣，手上同時有複數計畫必須執行時的處理方法嗎？」為了確認這一點，於是回頭重讀這本書，這次的重點放在找尋過去沒能理解的地方，結果更有效率地提高了對書本內容的理解。

如果書中確實沒提到能解決自身狀況的方法，那就去找類似的書，從其他書中發現答案。方法下一節會再詳細說明，請一起執行。

不限定領域，執行「書×環境×經驗」

只要將讀到的內容付諸行動，周遭環境必然有所改變，實際執行過後，也能確實累積新的經驗。

這麼一來，「書×環境×經驗」的算式中，每個要素的資訊量都增加了，加乘起來更複雜，從中就能創造意想不到的智慧。

我自己在學習速讀的過程中，讀了大量關於金錢與投資的書。

然而，將透過閱讀學到的內容付諸行動時，卻一直沒能得到好成果，有段時間對此感到非常苦惱。

就在那時，還是個上班族工程師的我，參與了一個農業相關的系統架構工作，經常有機會前往農家。在這樣的環境中，雖然不會特別想到與金錢或外匯交易相關的事，在聽著農人們分享平時工作的過程中，我忽然發現了農業環境與外匯交易環境的共通點。

那就是，兩者都是努力也不會馬上反映在結果上的領域。

此外，站在時間的觀點看，務農時花大量時間「巡邏」，和外匯交易中花大量時間「查看匯率」也有共通之處。

當時我腦中閃現的想法是：農作時的巡邏並非從頭到尾盯著作物看，只要作物成長到了一定程度，之後的事就交給植物本身的生命力了。進行外匯交易時也一樣，就算一直盯著匯率上下改變，對自己頭寸的漲跌也沒有太大影響。

抱著這種想法實際操作之後，我就掌握了訣竅，發現什麼時候該緊盯，什麼時候該鬆手，在那之前「因為無法一直盯著匯率所以成效不彰」的疑慮便一口氣消除了。

本節說明的只是如何執行書本範圍內的內容，但在套上「書×環境×經驗」的算式後，環境與經驗這兩項要素未必要與書本內容同一領域，也不必限定在書本範圍內，加乘之後更容易產生新的想法。

就這層意義來說，實踐書本內容的經驗固然不可或缺，唯有對照自己日常生活中的環境和過往經驗，才更能掌握有助於自我成長的關鍵。

走出書本之外的閱讀術

前往書中舞台的「探索閱讀術」

實地走訪後的感受和閱讀時的想像不同，
原本只能將文字轉換為想像，實地走訪後，
就能更加拓展想像的空間。

嘗試與作者見面的「出擊閱讀術」

直接聽作者說話，
一方面確認了自己對內容的
理解與作者想表達的是否有落差，
一方面確認了作者是否下意識傳達了
哪些自己也沒察覺的內容，加深對書本的理解。

找出書本內容與自己之間落差的「說明書閱讀術」

即使閱讀當下無法浮現想像，
若能找出書本內容與自己之間的落差，
這樣的經驗也能幫助自我成長。

**除了實際執行書中內容外，
前往書中提到的場所，去和作者見面等，
都能幫助加深對書本內容的理解。**

閱讀類似書籍，再次回到「閱讀方法」的階段

前面說明了將閱讀內容付諸行動後，就能提高「書×環境×經驗」算式的各項要素。

不過，即使實際上付諸行動，也不用勉強當場做出結論。

因為那可能只是書中文字的說明方式不適合你，讓你無法順利發揮想像而已。

舉例來說，閱讀一篇頻繁使用「議程」這個字的文章時，如果是工作場合經常聽到這

個詞彙的讀者，讀起來就很容易發揮想像。相反的，對這個詞彙感到陌生的人，讀起來就不容易發揮想像了。

假設後者讀了別本書，看到「議題」或「討論內容」等詞彙時順利發揮了想像，就可得出「選擇的書剛好適合自己閱讀」的結論。

換句話說，**不要只看一本就做結論，遇到問題時，同類型的書多看幾本就能解決了**。

回到第三章講解的閱讀方法，用這個階段的讀法閱讀同類書籍，對書本內容的理解力就會更高。

因為是與已經讀過的內容相關的書，讀到共通內容時，就當作是反覆學習，得到腦中知識更加根深蒂固的效果。另一方面，「早就讀過了」的部分愈多，往後閱讀的速度也會愈快。

讀同類書籍不用花太多時間，也能減輕付諸行動時的負擔。

嘗試閱讀兩本類似的書

閱讀同類書籍的效果還不只如此，在已經讀過一本書後繼續閱讀同類書籍，就算讀到相同的內容，因為作者使用的詞彙或切入觀點的不同，書本內容呈現的方式也不一樣。因為呈現內容的方式不同，讀者在讀類似書籍時，或許又能讀出在第一本書中沒有察覺到的重點。

有一本以經營管理為主題的小說《目標：簡單有效的常識管理》（*The Goal: A Process of Ongoing Improvement*），這本書也出了漫畫版。但是老實說，我對經營管理類的書並沒有太大興趣。

可是，在書店看到漫畫版的《目標》時，同行友人告訴我：「這本書是暢銷書的漫畫版喔！」當時的我對「怎樣的書才會暢銷？」很感興趣，於是好奇地買下了這本漫畫。實際一讀之後，內容超乎想像的有趣，使我對這領域產生了興趣，想再買類似書籍來讀，於是著手調查了一番。

結果，我發現同一作者還寫了一本《別被高德拉特博士的成本束縛！》（暫譯，*The Haystack Syndrome: Sifting Information Out of the Data Ocean*），我便讀起了這本書。

這本書前半內容可以說是《目標》的複習，其中出了與內容相關的例題。當我嘗試解這些例題時，卻忽然感到困惑。「咦？這個問題要怎麼思考才對？」原本自以為已經理解的地方，一旦實地執行起來，才發現並未真正讀懂到足夠付諸行動的地步。

我接著回答書中其他例題。雖然例題的大前提是其中使用的數據完全正確，書中還是補充說明了根據作者在現場的實際見聞，這些數字也有虛報或灌水的可能，像這樣提出實際執行時該注意的要點。

換句話說，即使內容類似，閱讀小說形式（雖然我讀的是漫畫版）的內容，和閱讀例題形式的內容時，由於文章呈現的印象不同，讀者也會從中發現不一樣的重點。

比較兩本書的內容

此外，即使寫著相同的內容，當作者立場不同時，讀者學到的重點也會跟著改變。

《海龜投資法則：揭露獲利上億的成功秘訣》（*Way of the Turtle: The Secret Methods that Turned Ordinary People into Legendary Traders*）一書的作者，曾經是被稱為「海龜集團」的投資交易常勝軍集團一份子，他在這本書中寫下投資交易的手法和該投資集團的內幕。

另外還有一本《小次郎講師流　以穩定獲利為目標的真・海龜流聖經》（暫譯，小次郎講師流　目標利益を安定的に狙い澄まして獲る　真・トレーダーズバイブル），書中寫的是如何按照海龜流的手法進行投資。

兩本書都以海龜流投資手法為主題，但相較於《海龜投資法則》的作者實際活躍於投資第一線，《真・海龜流聖經》的作者則以傳授投資手法為業，兩者之間有著這樣的不同。

《海龜投資法則》以故事方式描述作者親身體驗，配合故事情節說明投資手法，讀完後容易留在腦中的是投資的概念與法則。

相較之下，《真·海龜流聖經》的作者平常從事對投資初學者的教學工作，擅長以簡單易懂的方式說明「該怎麼做」，讀完後留在腦中的是偏向投資操作的技巧。

從這個例子可以看出，只要作者站的角度不同，即使說明的是相同內容，呈現出的文章也會有所差異，讀者對文章的理解自然有所不同。

毋庸置疑的是，儘管內容類似，既然讀的是不一樣的書，其中或許也能找到別本書中看不到的新資訊、獨特意見或罕見論調。

讀到這些新知之後，或許就能增廣知識，拓展思考，從中掌握自我成長的關鍵，獲得付諸行動的想像。

即使已經閱讀過相同領域的書，秉持找尋新觀點的視線閱讀同類書籍，就能有效地將書本價值發揮到極致。

終章

藉由閱讀術轉變人生

閱讀不再感到壓力，人生選項增加了

以下將介紹我至今指導過的學生案例，說明快速閱讀文章的能力對工作和人生帶來什麼樣的效果。

有一位三十多歲的工程師來找我學速讀。

他和過去的我一樣，因為每日工作繁忙，很難找到時間閱讀，加上原本就討厭看書，幾乎沒有什麼閱讀經驗。

雖然之前也曾對速讀感到興趣，但一直找不到值得信賴的老師，所以一直沒有機會學。

有一次碰巧從朋友那裡聽說了我，於是找上我實際學習了速讀。

養成速讀習慣的結果，使他讀了至今從未讀過的書。和過去不同，現在過著每天都會閱讀的生活。

按照他的說法，學會反覆快速閱讀後，第一次從頭到尾讀完一本書的經驗帶給他非常大的滿足感，和「有沒有記住內容」無關，最重要的是，他開始有了「總之先讀讀看吧」的想法。

於是，過去不怎麼看書的他，現在走進書店，把注意力放在書本上的次數增加了，面對書本時也開始湧現「總之先讀讀看吧」的念頭，連思考的幅度都產生很大的變化。

在這個例子中，**學會快速閱讀，消除了他對「讀書」這件事的壓力**，與他有相同感想的學生非常多。

有一位在大企業擔任董事的學生，在學習速讀前只要一看到厚重的書就提不起勁閱讀，他告訴我，學會速讀之後心境轉變，就算看到厚重的書也能興起「總之先讀讀看吧」的念頭。

這位學生原本就是學識豐富，見多識廣的社會人士，老實說，起初我真不知道自己能教他什麼。然而，認識他之後我才知道，即使是這樣的人，對閱讀這件事還是有感到壓力的時候。

除了再次體認不單只有知識豐富的人才能閱讀，這次的經驗也讓我自己學到，讀書為的是提高「書×環境×經驗」加乘後的結果。

有位學生對速讀感興趣的原因是為了考試。以結果來說，養成速讀的習慣後，他**考過了比原本預定應試等級更高的等級**。

除了高興地報告這件事之外，對他本人來說，更高興的是「養成速讀習慣後，我開始拿起原本可能一輩子都不會看的書。擁有速讀的能力，讓我能站在速讀的基礎上獲取更多知識，產生更多智慧」。

即使已經不用再應考，速讀的能力還是能活用一輩子。

訴說這些感想的學生們有一個共通點，那就是，**他們並非想藉由速讀記住什麼或增加知識，對他們而言，速讀的價值在於能提高自己的見識**。

閱讀大量書籍增加知識當然也很重要，只是，無論知識增加得再多，如果不能轉變為智慧也沒用，充其量只是跟隨別人寫的知識得到自我滿足罷了。如果獲得的只是自我滿足，無論閱讀速度快或慢，總有一天都會消失。

將從書中閱讀獲得的知識轉變為智慧，也就是提升「書×環境×經驗」的各項要素後，人就會開始產生欲望，找出自己想讀的書，環境得以拓展，經驗得以累積，看到更寬廣的世界，這麼一來，積極閱讀的欲望才得以持續。

專注力能維持更久，年收也增多了

速讀教室的學生中，還有一位獨立創業的女性，因為感到自己非增加更多知識不可，為此必須讀更多的書，所以來學習速讀。

創業使她該做的事增加了許多，在極為忙碌的狀態下沒有時間閱讀，因此希望學習利用短時間讀書的方法。

她原本不是經常讀書的人，起初也很擔心「讀得那麼快，會不會根本記不住，這樣真的沒問題嗎？」即使如此，還是努力養成速讀的習慣。

學了一陣子之後，有一次她去了書店，回過神來才發現自己站在感興趣領域的書架前，把架上的書全部讀了一遍。她驚訝地把這個經驗告訴我。

不可諱言，當時身處的是她有強烈興趣的環境，因而喚起了「讀想讀的書」的念頭，這當然也是一個重要因素。不過，更重要的是因為**她已經養成速讀習慣，能順利地在失去專注力之前，接連讀完一本又一本的類似書籍**。

提高專注力這件事，說起來和速讀無關，和「閱讀」這件事本身的關係或許比較大。讀完一整本書，這件事本身就非常需要專注力。

包括過去的我在內，對於專注力不夠的人來說，光是能培養在失去專注力前讀完一本書的速讀習慣，就能讓自己漸漸適應閱讀這件事，對於養成專注力有很大的效果。

學生中有一位二十幾歲的上班族，他告訴我，保持速讀的習慣提高了他的專注力，不只對工作上的學習有好處，還因為在**調查或確認資料時活用了速讀的技術，連工作成效都提升不少**。

工作效率變好，多出來的時間又能用來自我砥礪，最後他順利找到新工作，年收入提高到原本的兩倍。

除了這位學生之外，還有很多人都因為學會速讀而順利升級、創業或轉行，增加了年收入。從事不同工作的人，把速讀運用在工作上的方法各有不同，但基礎同樣都是透過鍛鍊專注力提高自己的水準，只要能做到這個，自然會得到好的工作成果。

也有學生告訴我，「學會速讀後，自然能預測到工作上下一步的進展」。他從事的是諮商顧問的工作，比方說，在掌握客戶業務流程時，就算客戶尚未提起下一步如何進行，自己也能做出預測，提早發現哪裡可能出現問題。

一旦某種程度上預測得到工作進展，就能根據預測內容，事前做好三到五成的準備，如此一來，他總是帶著從容不迫的心情面對工作。

上司做出指示時，因為自己已經預先做好幾成準備了，在這樣的狀態下工作，使他成為公司裡「工作速度快、效率高的人」。

這是因為在練習速讀的過程中，回想閱讀內容時「盡可能回想出更多資訊」的技法，幫助他培養了「綜觀」的概念。

一邊「綜觀整體」，一邊反覆閱讀。培養出這種綜觀（想像）的能力後，延伸出了預測的能力。這種延伸可以說是受到大腦「類化」特徵的影響，關於類化，在下一個案例中會一併說明。

無論如何，把現在擁有的時間拿來養成速讀習慣，不妨當作是一種對自己的投資，省下不久的將來可能耗費的時間，或是視為把時間拿來更有效利用的做法，沒有比這報酬率更高的投資了。

學會有效利用時間，人生過得更從容

一位三十幾歲的上班族，說他在學習速讀之前，一直很不懂得如何運用零碎時間。然而，養成速讀的習慣後，他對「速度」的想法有了改變，也就開始**懂得如何有效運用零碎時間**了。

正因為零碎時間通常都很短，對維持專注力來說負擔較輕，據他所說，可以很有效率地處理事情。

一位五十幾歲男性則說，他雖然對速讀很有興趣，但總是有其他更想做的事，學習速讀的優先順序就一直順延了。就在這時，他看到我「與其把速讀的能力練到極限，不如把『活用速讀』的能力練到極限」的說法，對我的重點有所共鳴，於是開始接受我的速讀指導。

這位男性學習速讀並沒有「應考」之類的明確目標，只是對自我成長有強烈的欲望，希望能「改變自己」。

抱著這樣的期待開始養成速讀（閱讀）習慣的他，持續了一陣子之後，發現自己多出了更多時間。由於工作總是提早結束，也保留了足夠的時間陪伴家人，心情上更加從容不迫，進入了一個良性循環。

上述兩人的共通點，都是對時間的感受起了變化。

養成速讀的習慣後，往往會對時間更敏感。

前面提到，大腦有個「類化」的特徵。具體來說，這個特徵就是「某種能力得到發展後，與其相關的能力也會跟著得到發展」。

以這兩人的例子來說，就是開始重視速讀後，自然也開始重視時間了。

一旦出現「想讀得更快」的念頭，對時間的要求必然更加嚴格，連帶地，不限於閱讀這件事，不管做什麼都會重視起時間效率。

嚴格來說，有效活用零碎時間這件事，是因為先注意到零碎時間，才會想進一步有效活用時間。

換個角度想，也可以說是能更游刃有餘地運用時間。

一想到自己「能更游刃有餘地運用時間」，心情上也會跟著從容起來。

運動競技的世界經常強調平常心的重要，其實在商場上也一樣，只要不過度緊張焦慮，抱著從容不迫的心境工作，就更能發揮實力，表現得更好。

這一連串「類化」的起點正是「速讀」。讀大量書籍，透過反覆學習提高成效，站在這樣的基礎上，形成無論知識層面或精神層面都更容易獲得成長，遇事從容不迫的環境。

很多學生都說，在我的指導下「對自己更有自信了」。

保持速讀的習慣，心理上產生的變化除了獲得讀完一整本書的成就感外，在回想書中內容時，發現自己「明明讀得那麼快，卻還記得很多」，也會幫助自己認識潛能，擁有更多自信。

這些變化都能提高「從容不迫」的效果。

通過困難的資格考，進入理想領域

對「快速閱讀」感興趣的人，很多都抱著「應付考試」的目的。不用說，面對各種考試時，速讀當然能大大發揮功效。

以前，曾有一個資格考補習班在教學項目中加入速讀，並列為必修科目，做了兩年的實驗。

以結果來說，將速讀列為必修科目後情況大為改變，不只及格者的人數比以往增多，在那兩年中，有許多人考取了難度更高的等級。

我問補習班的人，速讀在應考時派上了什麼用場，對方說是改變了「在考場上對時間的運用方式」。

速讀的「反覆學習」當然也能增進記憶力與提高專注力，但就算沒有這些效果，至少在考場上作答時，無論是用更短的時間解讀問題或多出回頭檢查的時間，光是這樣就比其他考生多了更大的優勢。

反過來說，既然各種考試的試題基本上都是用文字寫成的，速讀的能力在應考的當下自然非常重要。也有正準備考大學的學生這麼想，前來學習速讀。

考生們開始養成速讀的習慣，原本第一志願國立大學考取率只落在E區（百分之二十的考取率）的學生，再持續半年速讀習慣後，一口氣進步到A區（百分之八十的考取率）。

或許有人認為「考大學的孩子還年輕嘛……」，不過，也有學生是正在帶小孩的家庭主婦，利用有限的時間準備，最後考上及格率只有百分之十的國考。此外，也有從事休假不固定又忙碌的工作，很難騰出念書時間的人，也考上了同樣及格率只有百分之十的國考。

換句話說，這份結果顯示了養成速讀習慣獲得的效果和年紀及身處環境無關，任何人都可能得到一樣的效果。

很多人都因為養成了速讀習慣，得以進入喜歡的環境從事自己想做的工作，享受理想的人生。

即使不以考試為目標，當然也能透過速讀獲得這樣的環境。

五年前，某位上班族來找我學習。

花了一年左右的時間養成速讀習慣後，他說「雖然有比學習速讀前好一點，但總覺得沒有太大變化」，在沒有強烈感受的情形下決定離開教室。

然而兩年後，他又回到教室來了。

他來向我報告「自己進入嚮往許久，公司裡最受重視的部門了！」

原來，即使沒有感受到速讀的明確效果，他仍持續著速讀的習慣。兩年前雖然沒有察覺，但速讀確實發揮了成效。因此，他才會在離開教室後特地回來告知這件事。

其實這類案例經常發生，在「書×環境×經驗」的算式中，某些領域的人需要花更多時間提升「環境」與「經驗」，而且一段時間之後才看得到成效。

然而，只要維持速讀習慣，慢慢就會多出用來提升「環境」與「經驗」的時間。

當「書×環境×經驗」三要素分別提升後，自己最後還是能進入理想領域從事喜歡做的事。

做的事很簡單，就是快速閱讀而已。只要執行正確的讀法，就得以開拓視野，產生新的智慧與「總之先試試看吧」的積極心態，提高行動力。

假設只是每週日晚間花一小時讀書，隔天早上再重讀一次。光是養成這樣的習慣，一年下來至少就能將超過五十本書各讀三次了。

讀了這麼大量的書，閱讀本身已帶來足夠的知識量。

再加上「書×環境×經驗」的加乘提升，無論哪個領域，肯定都能達到一定水準的技能。

無論現在自己的水準高或低，絕對都有適合這個等級的人看的書。所以，任何人都能馬上開始執行。

速讀需要的能力，你也早就擁有了。

該看的書絕對存在，又已經擁有讀書的技術，剩下的，只有下定決心「執行社會人士需要的閱讀術」而已。

「一星期一次，只讀一小時」，下定決心養成這樣的閱讀習慣吧。想想這麼做能引導人生朝更好的方向前進，把時間投資在這上面，沒有比這投資報酬率更高的事了。

從前我還在速讀教室學習時，老師經常說這麼一句話：「文章讀得再快，不能回饋社會就沒有意義。」

當時的教室裡，有不少人是為了贏得速讀大賽的獎項而來接受訓練。實際上，各大賽裡奪下前幾名的，一定都有那間教室的學生。

如果只以速讀為目的，說到底只是鍛鍊大腦，既不讀書，也沒有把這份技術活用在工作上。教室裡也有像這樣的人，陷入只追求閱讀速度的狀態。

幸好那時我的目的只是想把投資老師開的書單看完，閱讀速度再快也不能換錢，所以我一點都沒有想追求速度的意思，更完全沒想過要參加速讀大賽。

回首當時，我一心只想快點把書單看完，好學會投資賺錢的技術，自然產生了以活用速讀能力提高技術、提升自我為目的的想法。

這次是我第一次不以速讀為主題，而是以讀書為主軸寫書。前輩們用「書」的形式留下各種知識見解，我希望能讓更多人藉由速讀技術，將書中的知識活用得淋漓盡致。

在靠網路就能獲取知識的現代，我認為書本肩負的不只是傳遞知識的任務，更已經成為幫助人們將知識轉化為智慧，藉以活出理想人生的工具。原本從來不看書只上網的我，現在比起上網，反而花更多時間看書了。因此，對這件事我早已深有所感。

實踐本書的閱讀術，就算只得到一個豐富人生的智慧也好，只要能將它回饋社會，身為作者的我也就值得了。

走筆至此，在此由衷感謝責任編輯武井康一郎先生及協助出版事務的小山睦男先生。兩位在忙碌之中還特地趕來札幌，給我督促鼓勵，拜此之賜，本書才得以順利完成，真的非常感謝兩位。

此外，包括指導我速讀的老師在內，我經營的速讀教室講師們、國內外的各位學生、已結束課程的老學生們、讀者們……有各位的支持，今天我才有機會出版這本新書，除了要感謝各位的支持外，希望今後自己也能對各位的自我實現做出貢獻。

還要借這個版面感謝大約七年半前，在我參加速讀決定賽的前夕，明明已安排了其他計畫，最後還是趕來會場見證我領獎，之後更成為我第一個學生的竹井佑介先生。

最後，在此對平日支援我的家人及我的恩師青山總一郎先生、服部遣司先生致上最大限度的感謝之意。

各位，真的非常感謝！

角田和將

ideaman 116

日本第一速讀王教你讀得快，記得住，月讀30本的超強讀書術

原著書名——速読日本一が教える すごい読書術——短時間で記憶に残る最強メソッド
原出版社——ダイヤモンド社
作者——角田和將
譯者——邱香凝
企劃選書——何宜珍、劉枚瑛
責任編輯——劉枚瑛

版權——黃淑敏、翁靜如、邱珮芸
行銷業務——莊英傑、黃崇華、張媖茜
總編輯——何宜珍
總經理——彭之琬
事業群總經理——黃淑貞
發行人——何飛鵬
法律顧問——元禾法律事務所 王子文律師

出版——商周出版
台北市104中山區民生東路二段141號9樓
電話：(02) 2500-7008　傳真：(02) 2500-7759
E-mail：bwp.service@cite.com.tw
Blog：http://bwp25007008.pixnet.net./blog
發行——英屬蓋曼群島商家庭傳媒股份有限公司城邦分公司
台北市104中山區民生東路二段141號2樓
書虫客服專線：(02)2500-7718、(02) 2500-7719
服務時間：週一至週五上午09:30-12:00；下午13:30-17:00
24小時傳真專線：(02) 2500-1990；(02) 2500-1991
劃撥帳號：19863813　戶名：書虫股份有限公司
讀者服務信箱：service@readingclub.com.tw
城邦讀書花園：www.cite.com.tw
香港發行所——城邦(香港)出版集團有限公司
香港灣仔駱克道193號超商業中心1樓
電話：(852) 25086231傳真：(852) 25789337
E-mailL：hkcite@biznetvigator.com
馬新發行所——城邦(馬新)出版集團【Cité (M) Sdn. Bhd】
41, Jalan Radin Anum, Bandar Baru Sri Petaling,
57000 Kuala Lumpur, Malaysia.
電話：(603)90578822　傳真：(603)90576622
E-mail：cite@cite.com.my

美術設計——copy
印刷——卡樂彩色製版有限公司
經銷商——聯合發行股份有限公司 電話：(02)2917-8022　傳真：(02)2911-0053

2020年（民109）4月7日初版
2023年（民112）10月24日初版4刷
定價 350元　Printed in Taiwan

城邦讀書花園 www.cite.com.tw
ISBN 978-986-477-798-3

國家圖書館出版品預行編目(CIP)資料

日本第一速讀王教你讀得快，記得住，月讀30本的超強讀書術 / 角田和將著；邱香凝譯.
-- 初版. -- 臺北市：商周出版：家庭傳媒城邦分公司, 民109.04 208面 ;14.8X21公分. -- (ideaman ; 116)
譯自：速読日本一が教えるすごい読書術：短時間で記憶に残る最強メソッド
ISBN 978-986-477-798-3(平裝)　1. 速讀　2.讀書法　019.1　109001562

廣	告	回	函
北區郵政管理登記證			
台北廣字第000791號			
郵資已付，免貼郵票			

104台北市民生東路二段 141 號 B1

英屬蓋曼群島商家庭傳媒股份有限公司

城邦分公司

請沿虛線對摺，謝謝！

書號： BI7116 **書名：** 日本第一速讀王教你讀得快，記得住，月讀30本的超強讀書術 **編碼：**

請於此處用膠水黏貼

商周出版

讀者回函卡

謝謝您購買我們出版的書籍！請費心填寫此回函卡，我們將不定期寄上城邦集團最新的出版訊息。

姓名：________________ 性別：□男 □女

生日：西元________年________月________日

地址：________________

聯絡電話：________________ 傳真：________________

E-mail：________________

學歷：□1.小學 □2.國中 □3.高中 □4.大專 □5.研究所以上

職業：□1.學生 □2.軍公教 □3.服務 □4.金融 □5.製造 □6.資訊

□7.傳播 □8.自由業 □9.農漁牧 □10.家管 □11.退休

□12.其他________________

您從何種方式得知本書消息？

□1.書店 □2.網路 □3.報紙 □4.雜誌 □5.廣播 □6.電視

□7.親友推薦 □8.其他________________

您通常以何種方式購書？

□1.書店 □2.網路 □3.傳真訂購 □4.郵局劃撥 □5.其他________

您喜歡閱讀哪些類別的書籍？

□1.財經商業 □2.自然科學 □3.歷史 □4.法律 □5.文學

□6.休閒旅遊 □7.小說 □8.人物傳記 □9.生活、勵志 □10.其他

對我們的建議：________________

____

____

____

____

____

請於此處用膠水黏貼